그림으로 재미있게 익히고 쓰는

어린이 천자문 공부

안 철 엮음

惠園出版社

머 리 말

　천자문(千字文)은 중국 육조시대(六朝時代) 양(梁)나라의 무제(武帝)가 주 흥사(周興嗣)에게 명하여 짓게 한 글이다. 이 글은 사언(四言)을 일구(一句)로 하고 이구(二句)를 일련(一聯)으로 하는 일종의 고체시(古體詩)인 바 전문(全文) 1000자가 한 글자도 중복됨이 없는 것을 특징으로 한다. 태평광기(太平廣記)라는 책에 보면, 양나라의 무제가 여러 왕들에게 서도(書道)를 가르치려고 왕 희지(王羲之)의 글씨 중에서 자신이 사랑하는 글자 1000자를 골라서 주 흥사에게 주면서 한 편의 글을 지으라고 명하였다. 이에 주 흥사는 하룻밤 동안에 그 글자들을 조합하여 한 편의 시를 지었는데 그 고심이 얼마나 컸던지 머리털이 모두 하얗게 세어 버렸다고 한다. 이 전설에서 천자문을 일명 백수문(白首文)이라고도 하는 것이다.

　이 천자문은 옛날부터 초학자(初學者)의 입문서(入門書)로서 널리 사용 되었는데 그것은 대체로 두 가지의 이유가 있다. 첫째는 글자가 일상에서 흔히 사용되는 기초적인 것들이며, 둘째는 그 내용이 태초(太初) 우주(宇宙)의 생성과 운행(運行)의 원리에서 부터 치도(治道)·인륜(人倫)·강상(綱常)은 물론 역사(歷史)·농정(農政)에 이르기까지 다루지 않은 바가 없어 학자들이 꼭 알아야 할 기초적인 지식임은 물론 우리가 살아가면서 수양(修養)에 필요한 금옥(金玉) 같은 말들이 많이 있기 때문이다.

　이 책은 중·고등 학생은 물론 일반인들도 재미있고 쉽게 천자문과 접할 수 있도록 상세한 해설과 주석을 가한 위에 그림을 곁들여 풀이한 천자문의 독본(讀本)이다. 또한 부록인 습자본(習字本)에 직접 써 봄으로써 천자문을 완전히 익힐 수 있게 하였다.

편 저 자 씀

天
- 음: 하늘 천
- 뜻: 하늘
- 쓰는 순서: 一 二 于 天

地
- 음: 땅 지
- 뜻: 땅
- 쓰는 순서: 一 十 土 圤 地 地

玄
- 음: 검을 현
- 뜻: 검다
- 쓰는 순서: 丶 一 亠 玄 玄

黃
- 음: 누를 황
- 뜻: 누렇다
- 쓰는 순서: 一 卄 丗 苎 莆 黃

宇
- 음: 집 우
- 뜻: 집·하늘·천지
- 쓰는 순서: 丶 宀 宇 宇

宙
- 음: 집 주
- 뜻: 하늘
- 쓰는 순서: 丶 宀 宇 宙 宙

洪
- 음: 넓을 홍
- 뜻: 넓다·크다
- 쓰는 순서: 氵 氵 汁 洪 洪 洪

荒
- 음: 거칠 황
- 뜻: 거칠다
- 쓰는 순서: 丶 卄 艹 芒 芢 荒

1. 天地玄黃 (천지현황) 하늘은 고요하고 아득히 멀어 검게 보이고 땅은 그 빛이 누르다.

주 천지현황(天地玄黃)은 우리 눈에 보이는 하늘과 땅의 모습을 말한 것임. 현(玄)은 흑회색으로 하늘빛을 나타내었으며, 황(黃)은 누런색으로 중국의 땅의 빛깔을 말함. 황토(黃土)·황하(黃河)·황해(黃海) 등.

2. 宇宙洪荒 (우주홍황) 하늘과 땅 사이에는 한없이 너르고 거칠어 끝이 없다.

주 우주(宇宙)란 하늘과 땅 사이의 사방 공간을 말하며, 인간이 즐거운 우주 여행을 할 날도 멀지 않았음. 홍황(洪荒)은 끝없이 너르고 비바람과 천둥 번개를 몰아치는 거칠음을 뜻함.

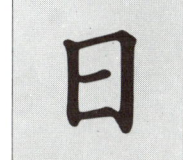

음 날 　일
뜻 해·날
쓰는순서 丨冂日日

음 달 　월
뜻 달·월
쓰는순서 丿几月月

음 찰 　영
뜻 가득 차다
쓰는순서 丿乃及及及盈盈

음 기울 　측
뜻 해가 기울어지다
쓰는순서 丨冂日旦昃昃

음 별 진(날 신)
뜻 별·나다
쓰는순서 一厂厂厂匚辰辰辰

음 잘 　숙
뜻 자리·묵다
쓰는순서 宀宀宍宿宿

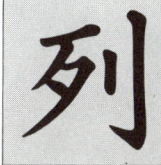

음 벌릴 　렬
뜻 벌리다·줄
쓰는순서 一ア歹列列

음 베풀 　장
뜻 베풀다·늘이다
쓰는순서 フ弓弘弘張張

---

3. 日月盈昃 (일월영측) 해는 서쪽으로 기울고 달은 이즈러지다가 다시 찬다.
  주 해〈日〉는 정오〈낮 12시〉를 지나면 서쪽으로 기울어지고〈昃〉, 달은 반 쯤 이즈러져서 하현달〈下弦〉이 되고 다시 이즈러지면 그믐달이 되며, 다시 반 쯤 차면 상현달〈上弦〉이 되었다가 가득 차면 보름달〈滿月·盈月〉이 된다.

4. 辰宿列張 (진숙열장) 별들도 제자리가 있어 하늘에 너르게 벌려 있다.
  주 진〈辰〉은 하늘의 12궁, 숙〈宿〉은 28숙을 말하며, 모두 하늘의 별자리〈星座〉를 일컫는다.

寒
- 음: 찰 한
- 뜻: 차다 · 떨다
- 쓰는 순서: 丶 宀 宀 寒 寒 寒

來
- 음: 올 래
- 뜻: 오다 · 다가 오다
- 쓰는 순서: 一 ㄱ 굯 來 來 來

暑
- 음: 더울 서
- 뜻: 덥다 · 더위
- 쓰는 순서: 丨 口 日 旦 昇 暑 暑

往
- 음: 갈 왕
- 뜻: 가다 · 옛적
- 쓰는 순서: 丿 彳 彳 彳 往 往 往

秋
- 음: 가을 추
- 뜻: 가을 · 때
- 쓰는 순서: 一 二 千 禾 禾 秒 秋

收
- 음: 거둘 수
- 뜻: 거두다 · 잡다
- 쓰는 순서: 丨 丩 屮 收 收

冬
- 음: 겨울 동
- 뜻: 겨울
- 쓰는 순서: 丿 ク 夂 冬 冬

藏
- 음: 감출 장
- 뜻: 갈무리하다 · 광
- 쓰는 순서: 艹 莎 莎 藏 藏 藏

---

5. 寒來暑往 (한래서왕) 추위가 오면 더위는 물러 간다.
  - 주: 춘하추동(春夏秋冬) 사철이 항상 일정하게 돌고 돌아 날씨가 변한다는 말. 즉 자연의 법칙을 일컬음.

6. 秋收冬藏 (추수동장) 가을에는 곡식을 거두어 들이고 겨울에는 갈무리한다.
  - 주: 봄에 싹이 나서 여름에 자라며 가을에 익으면 거두어 들여 겨울의 양식으로 소중히 갈무리함. 개미나 벌들도 봄·여름·가을 동안 거두어 들여 겨울에 갈무리하여 두고 먹이로 함.

閏
음: 윤달 윤
뜻: 윤달
쓰는 순서: 丨 丨' 丨'' 門 門 門 閏

餘
음: 남을 여
뜻: 나머지
쓰는 순서: 人 ㅅ 今 今 食 飠 飠 餘

律
음: 법률 률
뜻: 법·음률
쓰는 순서: 丿 彳 彳 彳 律 律 律

呂
음: 음률 려
뜻: 음률
쓰는 순서: 丨 ㅁ ㅁ 卩 呂 呂

成
음: 이룰 성
뜻: 이루다·되다
쓰는 순서: 丿 厂 厂 成 成 成

歲
음: 해 세
뜻: 해·세월
쓰는 순서: 止 止 产 产 芹 歲 歲 歲

調
음: 고를 조
뜻: 고르다·가리다
쓰는 순서: ㇇ 言 言 訓 訓 調 調 調

陽
음: 볕 양
뜻: 볕·음양의 양
쓰는 순서: ㇇ 阝 阝 阝" 阝" 陽 陽

---

7. 閏餘成歲 (윤여성세) 윤달의 남은 것으로 한 해(歲)를 이룬다.
  주 음력에서는 1년에 지구 공전의 기간보다 10일과 몇 시간이 모자라므로 이를 모아 3년 만에 한 달의 윤달을 두어 13달로서 한 해를 만들었음.

8. 律呂調陽 (율여조양) 율과 여는 천지간의 음과 양을 고르게 한다.
  주 율(律)은 6률〈양에 속하는 여섯 가지 소리〉을, 여(呂)는 6려〈음에 속하는 여섯 가지 소리〉를 말함이니 모두가 음악이다.
  ※ 중국에서는 율려로 음양을 고르게 잘 어울리게 하였다고 함.

음 구름 운
뜻 구름
쓰는순서 一雨雲雲雲

음 오를 등
뜻 오르다 뛰어오르다
쓰는순서 月 月' 肝 胖 騰 騰 騰

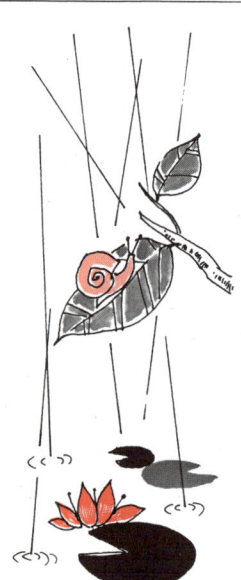

음 이룰 치
뜻 이루다·다하다
쓰는순서 工 工 至 至 致 致

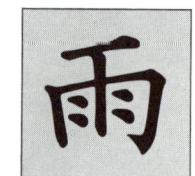
음 비 우
뜻 비
쓰는순서 一 一 一 雨 雨 雨

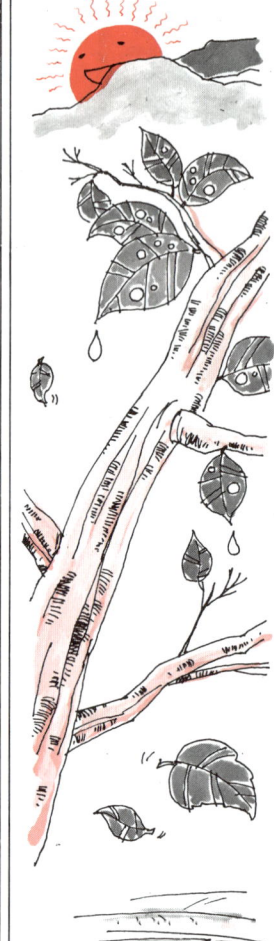

음 이슬 로
뜻 이슬·드러나다
쓰는순서 一雨雲雲露露

음 맺을 결
뜻 맺음·마침
쓰는순서 幺 糸 糸 紅 結 結

음 할 위
뜻 하다·되다
쓰는순서 一 爫 爫 爲 爲 爲

음 서리 상
뜻 서리
쓰는순서 一雨雲雲霜霜

9. **雲騰致雨** (운등치우) 수증기가 증발하여 구름이 되고 두터워지면 비를 내리게 한다.
   주 수증기가 올라가서 구름이 되며 크게 엉기면 비가 되어 내리는 자연의 기상〈대기 가운데서 일어나는 모든 현상〉을 말함.

10. **露結爲霜** (노결위상) 이슬이 맺혀 공기 중의 찬 기운에 닿으면 서리가 된된다.
    주 여름·초가을이 되어 대기가 서늘해지면 증기가 엉기어 이슬이 맺히고, 더욱 찬 늦가을이 되어 공기에 닿으면 얼어서 서리가 됨.

金
- 음: 쇠 금 (성 김)
- 뜻: 금·돈
- 쓰는 순서: ノ 人 入 今 全 全 金 金

生
- 음: 날 생
- 뜻: 낳다·살다
- 쓰는 순서: ノ ⺊ ⺍ 牛 生

玉
- 음: 구슬 옥
- 뜻: 구슬·옥
- 쓰는 순서: 一 T 千 王 玉

出
- 음: 날 출
- 뜻: 나다·나아가다
- 쓰는 순서: l ㅏ 屮 出 出

麗
- 음: 고울 려
- 뜻: 곱다·빛나다
- 쓰는 순서: 严 严 严 严 麗 麗

水
- 음: 물 수
- 뜻: 물
- 쓰는 순서: l ⺆ ⺘ 水

崑
- 음: 메 곤
- 뜻: 산이름
- 쓰는 순서: ⺊ ⺍ 岂 岂 崑 崑

岡
- 음: 메 강
- 뜻: 산등성이
- 쓰는 순서: l ⺆ 冂 門 岡 岡 岡

---

11. 金生麗水 (금생려수) 금은 여수에서 많이 났다.

㈜ 여수(麗水)는 옛날 중국의 어느 곳의 이름. 금(金)이 여수에서 가장 많이 났기 때문에 이런 말이 생겼음.
　금으로는 반지·가락지·패물 등을 만들었음.

12. 玉出崑岡 (옥출곤강) 옥돌은 중국 곤강이란 산에서 많이 캐어냈다.

㈜ 옥(玉)은 보통 수정을 말함. 곤강(崑岡)은 중국에 있던 산이름이었음. 옥돌은 곤강산에서 많이 캐어냈기 때문에 이런 말이 생겼음.
　옥으로는 안경 알·도장·패물 등을 만들었음.

- 음: 칼 검
- 뜻: 칼
- 쓰는 순서: ノ 人 ム 今 命 命 劍 劍 劍

- 음: 이름 호
- 뜻: 이름·부르짖다
- 쓰는 순서: ` ` 므 号 号 defaultdict 號 號

- 음: 구슬 주
- 뜻: 구슬·진주
- 쓰는 순서: 一 ㅜ 王 珍 珍 珠 珠

- 음: 일컬을 칭
- 뜻: 일컫다·부르다
- 쓰는 순서: 二 禾 禾 秆 秆 稱 稱

- 음: 클 거
- 뜻: 크다
- 쓰는 순서: 一 ㄣ ㄈ 巨 巨

- 음: 집 궐
- 뜻: 집·대궐
- 쓰는 순서: 厂 尸 門 門 門 闕 闕

- 음: 밤 야
- 뜻: 밤
- 쓰는 순서: 亠 广 疒 夜 夜 夜

- 음: 빛 광
- 뜻: 빛·경치
- 쓰는 순서: ㅣ ㅗ ㅛ 光 光

13. 劍號巨闕 (검호거궐) 칼은 구야자가 만든 거궐 보검이 으뜸이다.

주 거궐(巨闕)은 칼 이름임.

※ 일본에서는 「고로오 마사무네」가 만든 칼이 가장 좋은 보검이며, 현재 일본 천황이 가지고 있음.

14. 珠稱夜光 (주칭야광) 옥구슬은 야광이라 하여 밤에도 빛을 뿜어 낮과 같이 밝았다고 함.

주 야광주(夜光珠)란 중국 고대에 어두운 밤에도 빛을 낸다고 전해지는 귀중한 보석.

※ 야광 명주·야광옥·야명주 등.

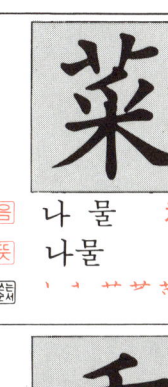

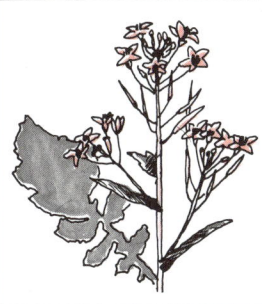

果	菜
음 과실 과 뜻 과일·결과 쓰는순서 ㅣ ㅁ ㅁ 日 甲 果 果	음 나물 채 뜻 나물 쓰는순서 ㅣ ㅗ ㅛ 节 节 苹 菜

珍	重
음 보배 진 뜻 보배·진기하다 쓰는순서 ㄱ ㅜ 玗 珍 珍 珍	음 무거울 중 뜻 무겁다·중요하다 쓰는순서 ㅡ ㄷ ㅜ 盲 盲 重 重

李	芥
음 오얏 리 뜻 오얏 쓰는순서 ㅡ ㅜ ㅗ 木 本 李 李	음 겨자 개 뜻 겨자·티끌 쓰는순서 ㅣ ㅗ ㅛ 艹 艿 芥

柰	薑
음 벚 내 뜻 능금 쓰는순서 ㅡ ㅜ ㅗ 木 卉 李 李 柰	음 생강 강 뜻 생강 쓰는순서 艹 芦 薑 薑 薑

15. 果珍李柰 (과진이내) 열매 과일로는 오얏과 능금을 가장 보배로운 것으로 한다.

㈜ 과일이란 풀과 나무에 열리는 열매를 말하며, 그 중에서도 오얏과 능금이 보배로운 것이라는 말.

16. 菜重芥薑 (채중개강) 야채 중에서는 겨자와 생강이 큰 몫을 한다.

㈜ 중국에서는 야채 조미료로 맛이 매운 겨자와 생강이 식성을 돋구었기 때문에 가장 요긴한 것으로 여겼음.

海	鱗
음 바다 해	음 비늘 린
뜻 바다	뜻 비늘
쓰는순서 ⺡⺡⺡汇沈海海海	쓰는순서 ⺈甬甬魚魚魚鯊鱗鱗

鹹	潛
음 짤 함	음 잠길 잠
뜻 짜다	뜻 잠기다·숨기다
쓰는순서 丆丙酉酉酉酉鹹鹹	쓰는순서 ⺡⺡⺡沗沗潛潛潛

河	羽
음 물 하	음 깃 우
뜻 강·내	뜻 깃·날개
쓰는순서 ⺡⺡⺡汀沎河河	쓰는순서 ⺈⺈⺈羽羽羽

淡	翔
음 맑을 담	음 날 상
뜻 맑다·싱겁다	뜻 날다
쓰는순서 ⺡⺡⺡沙沙淡淡	쓰는순서 ⺈⺈羊羿翔翔翔

17. 海鹹河淡 (해함하담) 바닷물은 소금기가 있어 짜고 강물은 맛이 싱겁고 맑다.

주 바닷물은 짠 맛이 나기 때문에 센물에 속하고, 강물은 무미〈맛이 없음〉투명〈맑아 속까지 들여다 보임〉하기 때문에 민물에 속함.

18. 鱗潛羽翔 (인잠우상) 비늘 있는 물고기는 물 속에 잠기어 살고 날개 있는 새들은 하늘을 날며 산다.

주 인(鱗)은 비늘 있는 물고기〈어류〉를 말하며 우(羽)는 깃이 있는 날짐승〈조류〉을 말함. 이 외에도 젖먹이 짐승·길 짐승·물물 짐승 등 많은 종류가 있음.

龍

- 음 용 룡
- 뜻 용
- 쓰는순서 亠产产育育龍龍

師

- 음 스승 사
- 뜻 선생·스승
- 쓰는순서 ʹ ㄱ ㅌ ㅌ 自 自 師 師

鳥

- 음 새 조
- 뜻 새
- 쓰는순서 ʹ ㄱ ㅌ 卢 鸟 鳥 鳥

官

- 음 벼슬 관
- 뜻 벼슬·관직
- 쓰는순서 ʹ ㄱ 宀 宀 宁 官 官

火

- 음 불 화
- 뜻 불·더움
- 쓰는순서 丶 丷 火

帝

- 음 임금 제
- 뜻 왕·황제·임금
- 쓰는순서 亠 丷 产 产 产 帝 帝

人

- 음 사람 인
- 뜻 사람·인간
- 쓰는순서 丿 人

皇

- 음 임금 황
- 뜻 임금·왕
- 쓰는순서 ʹ 宀 白 白 阜 皇 皇

---

19. 龍師火帝 (용사화제) 복희씨는 용(龍) 자로써 벼슬 이름을 붙였으며, 신농씨는 화(火·불) 자로써 벼슬 이름을 붙였다.

주 용사(龍師)는 태호 복희씨를 말하며, 화제(火帝)는 염제 신농씨를 일컬음.
※ 또 복희씨는 혼인법을 만들었으며 신농씨는 농사 짓기를 가르쳤다고 함.

20. 鳥官人皇 (조관인황) 소호씨 때는 봉황이 나타났다 해서 조(鳥) 자로써 벼슬 이름을 적었으며, 황제 때는 인문〈문명〉이 갖추어 졌으므로 인(人) 자로써 벼슬 이름을 적었다.

주 조관(鳥官)은 금천 소호씨를 말하며, 인황(人皇)은 황제(黃帝)를 가리킴.
※ 3황~천황(天皇)·지황(地皇)·인황(人皇).

음 비로소 시
뜻 처음·비로소
쓰는순서 ㄑ ㄠ ㄠ ㄠ ㄠ 始 始

음 지을 제
뜻 지음·억제함
쓰는순서 ㄧ ㄈ ㄈ ㄈ 制 制 制

음 글월 문
뜻 글월·문서
쓰는순서 ㆍ 亠 ナ 文

음 글자 자
뜻 글자
쓰는순서 ㆍ 宀 ㄜ 宁 字 字

음 이에 내
뜻 이에·너
쓰는순서 ノ 乃

음 옷 복
뜻 옷·복종
쓰는순서 ノ 几 月 月 朋 服 服

음 옷 의
뜻 옷
쓰는순서 ㆍ 亠 ナ 衣 衣 衣

음 치마 상
뜻 치마
쓰는순서 ㆍ 亠 ㅛ 告 学 堂 堂 裳

---

21. 始制文字 (시제문자) 복희씨는 창힐을 시켜 처음으로 글자를 만들었다.
  주 창힐(蒼頡)은 새와 짐승의 발자취를 보고 처음으로 글자를 만들었음. (복희씨 때).
  ※ 6서~상형·지사·형성·회의·전주·가차.
  ※ 6체~고문·전서·예서·해서·행서·초서.

22. 乃服衣裳 (내복의상) 황제 때에 호조라는 사람이 처음으로 옷을 만들어 입도록 하였다.
  주 호조(胡曹)는 새나 짐승의 가죽으로 몸을 가리던 것을 처음으로 옷을 만들었음. (황제 때)

推
[음] 밀 추
[뜻] 밀다·헤아리다
[쓰는순서] ノ 扌 扌 扩 护 推 推 推

位
[음] 자리 위
[뜻] 자리·방위
[쓰는순서] ノ 亻 亻' 仁 个 位 位

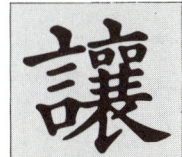
讓
[음] 사양할 양
[뜻] 사양하다·겸손하다
[쓰는순서] 言 言 言' 諄 諄 讓 讓

國
[음] 나라 국
[뜻] 나라
[쓰는순서] 丨 冂 門 同 國 國 國

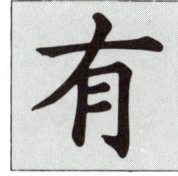
有
[음] 있을 유
[뜻] 있다·가지다
[쓰는순서] ノ 一 ナ 冇 有 有

虞
[음] 나라이름 우
[뜻] 우 나라·염려하다
[쓰는순서] ' 卢 唐 唐 虞 虞

陶
[음] 질그릇 도
[뜻] 질그릇
[쓰는순서] ㄱ 阝 阝' 阿 陶 陶 陶

唐
[음] 당나라 당
[뜻] 당나라
[쓰는순서] 一 广 庐 庐 唐 唐 唐

23. 推位讓國 (추위양국) 천자〈황제〉의 자리와 나라를 다른 사람에게 양보〈미룸〉하였다.

[주] 중국 고대 천명(天命)이란 자기 아들에게 천자를 물려주는 것이 아니라 덕이 있는 사람에게 나라를 물려주는 진리.

※ 뒷날에는 무력으로 쳐서 빼앗음. (역성 혁명~易姓革命).

24. 有虞陶唐 (유우도당) 요·순 임금이 차례로 덕이 있는 자에게 나라를 물려준 고사.

[주] 도당(陶唐)은 요(堯) 임금으로서 아들 단주(丹朱) 대신 순(舜)에게, 유우(有虞)는 순 임금으로서 아들 상균(商均) 대신 우(禹)에게 나라를 물려준 것을 말함.

弔
음 조상할 조
뜻 조상하다
쓰는순서 ㄱㄱ弓弔

民
음 백성 민
뜻 백성
쓰는순서 ㄱㄱ厂尸民

周
음 두루 주
뜻 둘레
쓰는순서 丿冂冂用用用周

發
음 필 발
뜻 피어나다·떠나다
쓰는순서 フヌダ癶癶癶發發

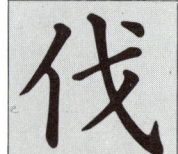

伐
음 칠 벌
뜻 치다·베다
쓰는순서 ノイ亻代伐伐

罪
음 허물 죄
뜻 허물·죄
쓰는순서 ㄱ罒罪罪罪罪

殷
음 은나라 은
뜻 은나라
쓰는순서 厂户户身𣪍殷殷

湯
음 끓일 탕
뜻 끓다
쓰는순서 ㆍㆍ汀沪浔湯湯

25. 弔民伐罪 (조민벌죄) 백성을 구출하여 위문〈위로하고 문안함〉하고 죄지은 임금을 벌하였다는 중국의 고사.

주 혁명이란 백성을 편안케 하기 위해 포악한 임금〈걸왕·주왕 등〉을 몰아내고 하늘을 대신하여 덕 있는 자가 천자〈황제〉가 되는 일.

※ 은의 탕왕·주의 무왕 등.

26. 周發殷湯 (주발은탕) 은의 주왕을 주의 무왕이, 하의 걸왕을 은의 탕왕이 몰아 냈다.

주 주발(周發)은 주(周)의 무왕(武王)이며, 은탕(殷湯)은 은(殷)의 탕왕(湯王)을 말함이니 즉 역성 혁명(易姓革命)이 일어난 것을 일컬음.

坐
- 음: 앉을 좌
- 뜻: 앉다
- 쓰는 순서: ノ 人 𠆢 𠆢𠆢 坐 坐

朝
- 음: 아침 조
- 뜻: 아침
- 쓰는 순서: 一 十 古 吉 直 卓 朝 朝

問
- 음: 물을 문
- 뜻: 묻다 · 배우다
- 쓰는 순서: 丨 冂 門 門 問 問

道
- 음: 길 도
- 뜻: 길 · 가르침
- 쓰는 순서: 丷 丷 首 首 首 道

垂
- 음: 드리울 수
- 뜻: 수직
- 쓰는 순서: 一 二 二 二 丘 垂 垂

拱
- 음: 팔짱낄 공
- 뜻: 팔장끼다
- 쓰는 순서: 一 扌 扌 拱 拱 拱

平
- 음: 평할 평
- 뜻: 평평하다
- 쓰는 순서: 一 二 𠃌 平 平

章
- 음: 글 장
- 뜻: 문장 · 글월
- 쓰는 순서: 一 二 立 产 音 音 章 章

27. 坐朝問道 (좌조문도) 조정〈왕이 나라의 정치를 의논하고 행하는 곳〉에 앉아 백성들을 다스릴 올바른 길을 물었다.

주 조(朝)는 조정으로 정치하는 곳이며, 임금과 신하가 서로 백성을 다스리는 올바른 길을 묻기도 했다는 말.

28. 垂拱平章 (수공평장) 임금이 몸을 공손히 하고 밝고 바르게 백성을 다스렸다.

주 수(垂)는 조복〈조정에 나갈 때 입는 관복〉을 드리운다는 말이며, 공(拱)은 손을 마주 잡는다는 말.
평장(平章)이란 밝고 바른 정치를 하는 일.

29. **愛育黎首** (애육여수) 임금은 모든 백성을 사랑하고 돌보아야 된다.
   주 여수(黎首)란 벼슬이 없어 건을 쓰지 않은 검은 맨머리의 백성이란 말. 즉, 일반 국민을 일컬음.

30. **臣伏戎羌** (신복융강) 덕으로 다스리면 예의도 모르는 짐승같은 오랑캐들도 신하가 되어 복종한다.
   주 융(戎)과 강(羌)은 중국 서쪽 지방에 살던 오랑캐의 이름.
   옛 중국에는 다섯 가지 오랑캐가 살았다고 하며, 동쪽~동이, 서쪽~서융, 남쪽~남만, 북쪽~북적이라 하였음.

- 음: 멀 하
- 뜻: 멀다
- 쓰는순서: 丨 丨 尸 尸 段 段 遐

- 음: 가까울 이
- 뜻: 가깝다
- 쓰는순서: 一 厂 丙 丙 爾 爾 邇

- 음: 하나 일
- 뜻: 하나
- 쓰는순서: 一 十 士 吉 吉 壹 壹

- 음: 몸 체
- 뜻: 몸·몸소
- 쓰는순서: 丨 骨 骨 骨 體 體 體

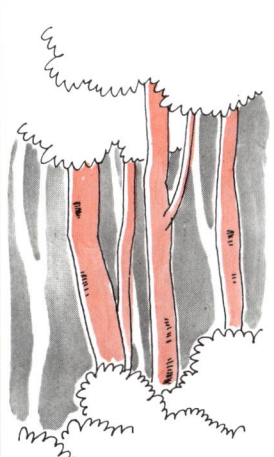

- 음: 거느릴 솔
- 뜻: 거느리다
- 쓰는순서: 一 十 玄 玄 玄 率 率

- 음: 손님 빈
- 뜻: 손님
- 쓰는순서: 丶 宀 宀 宀 賓 賓 賓

- 음: 돌아갈 귀
- 뜻: 돌아가다
- 쓰는순서: 厂 戶 自 自 皀 歸 歸

- 음: 임금 왕
- 뜻: 임금
- 쓰는순서: 一 二 干 王

31. 遐邇壹體 (하이일체) 멀고 가까운 나라들이 왕의 덕에 감화되어 한 덩어리가 된다.

주 하(遐)는 먼 곳에 있는 나라. 이(邇)는 가까운 곳에 있는 나라. 일체(壹體)는 한 몸. 한 덩어리.

32. 率賓歸王 (솔빈귀왕) 왕의 덕에 감화되어 서로 이끌고 복종하여 왕의 백성으로 돌아온다.

주 솔빈(率賓)이란 그 땅에서 살고 있는 모든 백성들을 이끈다는 말. 귀왕(歸王)이란 왕의 덕에 감화되어 왕의 나라의 백성이 된다는 말.

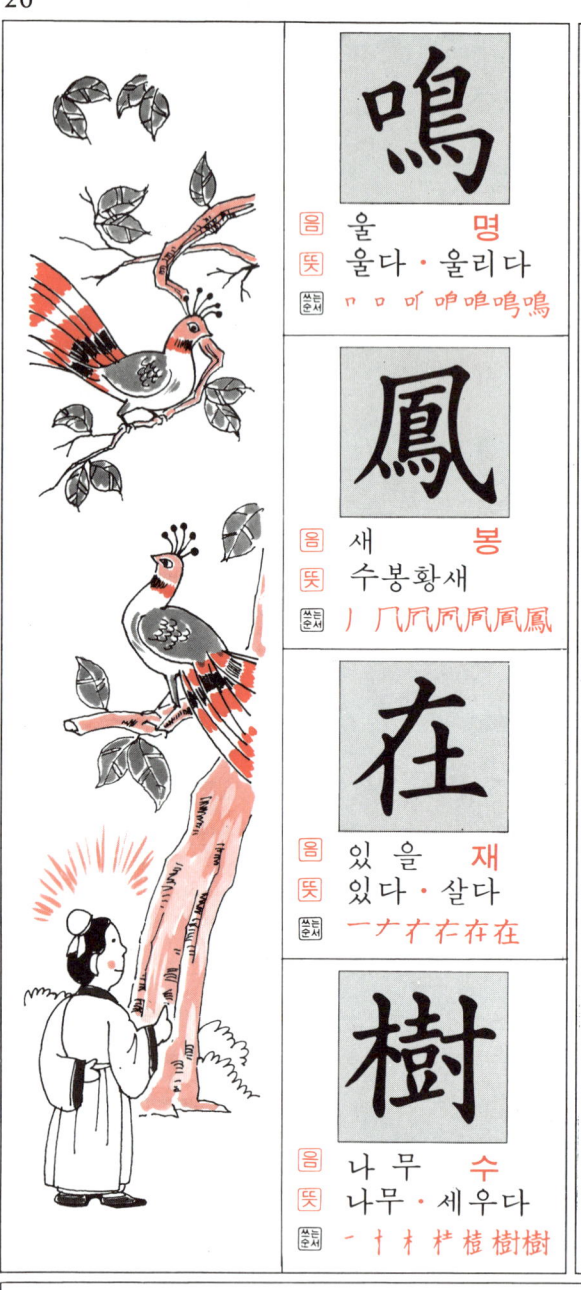

음	울	명
뜻	울다·울리다	
쓰는순서	ㅁ ㅁ 吖 咱 咱 鳴 鳴	

음	새	봉
뜻	수봉황새	
쓰는순서	丿 几 凡 凡 鳳 鳳 鳳	

음	있을	재
뜻	있다·살다	
쓰는순서	一 ナ オ 才 在 在	

음	나무	수
뜻	나무·세우다	
쓰는순서	一 十 オ 木 樹 樹 樹	

음	흰	백
뜻	희다	
쓰는순서	丿 亻 白 白 白	

음	망아지	구
뜻	망아지	
쓰는순서	一 厂 Ħ 馬 馬 駒 駒	

음	밥	식
뜻	밥·음식·먹다	
쓰는순서	丿 人 今 今 食 食 食	

음	마당	장
뜻	마당·곳	
쓰는순서	一 土 圹 圻 坦 場 場	

33. 鳴鳳在樹 (명봉재수) 훌륭한 임금과 성인이 나타나면 나무 위에서 봉황이 울어 좋은 징조를 나타낸다.

주 봉(鳳)은 봉황 중 수놈이다. 황(凰)은 봉황 중 암놈이다. 봉황은 신성스러운 새이며, 오동 나무에 깃들고 대나무 열매를 먹었다고 함.

34. 白駒食場 (백구식장) 임금의 감화는 짐승에게까지 미쳐 흰 망아지도 즐겁게 마당에서 풀을 뜯는다.

주 나라가 살기 좋아지면 짐승들까지 즐겁게 살며 불만이 없다는 말. 식장(食場)이란 마당에서 풀을 뜯어 먹는다는 뜻.

- 음: 화할 화
- 뜻: 바뀌다
- 쓰는순서: ノ亻化化

- 음: 입을 피
- 뜻: 끼치다
- 쓰는순서: 丶亠衤衤衤衤被被

- 음: 풀 초
- 뜻: 풀
- 쓰는순서: 一十十艹艹艹荁草草

- 음: 나무 목
- 뜻: 나무
- 쓰는순서: 一十才木

- 음: 힘입을 뢰
- 뜻: 의지하다
- 쓰는순서: 一一束束東"軒軺賴賴

- 음: 미칠 급
- 뜻: 미치다·이르다
- 쓰는순서: ノ丂乃及

- 음: 일만 만
- 뜻: 일만·많다는 뜻
- 쓰는순서: 艹芍芍苩苩萬萬

- 음: 모 방
- 뜻: 모·방향·곳
- 쓰는순서: 丶亠方方

35. 化被草木 (화피초목) 왕의 감화는 표정이 없는 풀과 나무에게까지도 미친다.

주 왕의 착한 다스림으로 한 포기 한 그루의 풀과 나무까지도 감화를 받는다는 뜻. 즉 자연의 모든 것에 왕의 감화가 미친다는 말.

36. 賴及萬方 (뇌급만방) 왕의 감화로 본국은 물론 국가의 이익이나 백성의 행복은 다른 나라에까지도 미친다.

주 뇌(賴)는 행복을 말함. 만방(萬方)이란 자기 나라 외의 모든 나라. 즉 만국을 뜻함.

蓋
- 음: 개
- 뜻: 덮다·대개
- 쓰는 순서: 艹艹艼莱葢蓋

四
- 음: 사
- 뜻: 넷
- 쓰는 순서: 丨冂冂四四

此
- 음: 차
- 뜻: 이쪽·이것
- 쓰는 순서: 丨 卜 止 止 此

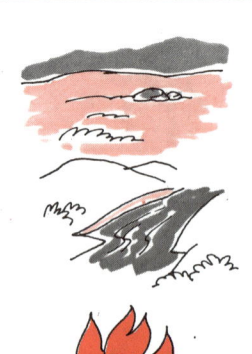

大
- 음: 대
- 뜻: 크다
- 쓰는 순서: 一 ナ 大

身
- 음: 신
- 뜻: 몸
- 쓰는 순서: 丿 冂 冃 自 身 身

五
- 음: 오
- 뜻: 다섯
- 쓰는 순서: 一 丁 五 五

髮
- 음: 발
- 뜻: 터럭·털
- 쓰는 순서: 丨 F 镸 髟 髟 髮 髮

常
- 음: 상
- 뜻: 떳떳할·항상
- 쓰는 순서: 丶 ⺍ 쁘 쁘 常 常 常

37. 蓋此身髮 (개차신발) 대개 사람의 몸과 털은 부모에게서 받은 중요한 것이다.

주 신(身)은 몸체, 발(髮)은 털과 살갗을 말함.
※ 사람의 몸은 지(地)·화(火)·수(水)·풍(風)으로 이루어 졌다고 믿었음.

38. 四大五常 (사대오상) 네 가지 크고 중요한 것과 다섯 가지 떳떳한 것.

주 사대(四大)는 땅·물·불·바람을 말하며, 오상(五常)은 인(仁)·의(義)·예(禮)·지(智)·신(信)을 가리킴.
※ 왕은 마땅히 오상(五常)을 닦아야 했음.

恭
- 음: 공손할 공
- 뜻: 공손하다·삼가다
- 쓰는 순서: 一 艹 丑 共 共 恭 恭

惟
- 음: 오직 유
- 뜻: 생각하다 오직
- 쓰는 순서: ⺌ 忄 忄 ㅏ 忙 忙 惟 惟

鞠
- 음: 기를 국
- 뜻: 기르다·굽히다
- 쓰는 순서: 艹 革 革 靪 靪 鞠 鞠

養
- 음: 기를 양
- 뜻: 기르다·봉양하다
- 쓰는 순서: 丷 羊 莠 養 養 養

豈
- 음: 어찌 기
- 뜻: 어찌
- 쓰는 순서: ⺊ 屮 屮 岂 豈 豈

敢
- 음: 감히 감
- 뜻: 감히
- 쓰는 순서: 丆 千 耳 耳 耳 敢 敢

毀
- 음: 헐 훼
- 뜻: 헐다·비방하다
- 쓰는 순서: 丆 白 臼 臼 毀 毀

傷
- 음: 상할 상
- 뜻: 상하다·다치다
- 쓰는 순서: 亻 亻 俨 俨 傷 傷

---

39. 恭惟鞠養 (공유국양) 부모가 길러준 은혜를 공손히 생각하라는 것.
  주 공(恭)은 공손히, 유(惟)는 오직, 생각함. 국양(鞠養)은 부모가 자기를 길러 주신 것.
    ※ 항상 부모 은공을 잊지 말라는 말. '하늘 같은 가없은 은혜 어디 대어 갚사오리.'

40. 豈敢毀傷 (기감훼상) 어찌 감히 낳아준 이 몸을 더럽히거나 상하게 할 수 있으리요.
  주 자기 몸을 다치거나 상하게 하지 않는 것이 효도의 처음임.
    ※ 효도의 첫 길을 가르친 말.

男
음 사내 남
뜻 남자·아들
쓰는순서 一 口 ㅃ 田 田 男 男

女
음 계집 녀
뜻 여자·딸
쓰는순서 ㄥ 女 女

效
음 본받을 효
뜻 본받다·효험
쓰는순서 亠 ㅗ 六 交 交 效 效

慕
음 사모할 모
뜻 사모하다·생각하다
쓰는순서 艹 艹 苎 苫 莫 莫 慕 慕

才
음 재주 재
뜻 재주·재간
쓰는순서 一 十 才

貞
음 곧을 정
뜻 곧다·바르다
쓰는순서 ㅏ ㅑ 片 貞 貞 貞

良
음 어질 량
뜻 어질다·좋다
쓰는순서 ㄱ ㄱ 크 艮 良 良

烈
음 매울 렬
뜻 매웁·사납다
쓰는순서 一 ア 歹 歹 列 列 烈

41. 女慕貞烈 (여모정렬) 여자는 정조를 굳게 지키고 행실을 단정히 할 것을 생각해야 한다는 말.

주 정(貞)은 지조 즉 바꾸지 않는 굳은 뜻과 기운. 열(烈)은 정렬 즉 바르고 매운 것.
※ 부인은 정렬을 위배해서는 안 됨.

42. 男效才良 (남효재량) 남자는 재능을 닦고 어진 것을 본받아야 한다.

주 남자는 잠시라도 좋지 못한 길에 빠져 들어가서는 안 됨을 훈계한 말. 재(才)는 학문 닦기와 기술 익히기 등.

[음] 알 지
[뜻] 알다·분별하다
[쓰는순서] ノ ⼇ 午 矢 知 知 知

[음] 지날 과
[뜻] 지나다·허물
[쓰는순서] 丨 冂 冎 冎 咼 咼 過

[음] 얻을 득
[뜻] 얻다·이득
[쓰는순서] ノ ⼻ 彳 䙷 得 得 得

[음] 능할 능
[뜻] 능하다·능력
[쓰는순서] ノ ⼛ 台 育 育 能 能

[음] 반드시 필
[뜻] 반드시·꼭
[쓰는순서] ノ 丷 必 必 必

[음] 고칠 개
[뜻] 고치다
[쓰는순서] フ コ 己 改 改 改 改

[음] 아닐 막
[뜻] 아니다·더할 수 없다
[쓰는순서] ⼀ 艹 节 苜 苜 莫 莫

[음] 잊을 망
[뜻] 잊다
[쓰는순서] ⼇ 亡 忘 忘 忘 忘

43. 知過必改 (지과필개) 허물을 깨달으면 반드시 고쳐야 한다.
[주] 옳고 바른 것을 배워 잘못된 점이나 좋지 못한 버릇을 알게 되면 서슴없이 꼭 고쳐나가야 한다는 말.
※ '바늘 도둑이 소 도둑 된다'는 속담을 명심할 일.

44. 得能莫忘 (득능막망) 사람이 자기의 능력을 알거든 잊지 말고 노력하라는 말.
[주] 능(能)이란 인간이 행하여야 할 길임. 잊지 않고 꾸준히 노력하면 학문이나 기술이 향상된다는 뜻.

罔
- 음: 없을 망
- 뜻: 없다・속이다
- 쓰는 순서: 丨 冂 冂 冈 罔 罔 罔

靡
- 음: 쓰러질 미
- 뜻: 쓰러지다・쏠리다
- 쓰는 순서: 亠 广 广 庐 麻 靡 靡

談
- 음: 말씀 담
- 뜻: 말씀・이야기
- 쓰는 순서: 一 言 言 言 詩 談 談

恃
- 음: 믿을 시
- 뜻: 믿다・의지하다
- 쓰는 순서: 忄 忄 忄 恃 恃 恃

彼
- 음: 저 피
- 뜻: 저・저편
- 쓰는 순서: 丿 彳 彳 彳 彼 彼 彼

短
- 음: 짧을 단
- 뜻: 짧다・허물
- 쓰는 순서: 一 矢 矢 矢 知 短 短

己
- 음: 몸 기
- 뜻: 몸・자기
- 쓰는 순서: 𠃌 コ 己

長
- 음: 긴 장
- 뜻: 길다・어른・뛰어남
- 쓰는 순서: 一 厂 匚 長 長 長 長

45. 罔談彼短 (망담피단) 남의 단점을 알고 있더라도 결코 말하지 말라.
㈜ 함부로 남의 흉을 보지 말라는 말. 자기의 단점은 얼마나 많은가도 항상 깨닫고 생각해야 한다는 뜻.

46. 靡恃己長 (미시기장) 자기의 장점〈좋은 점〉을 믿지 말고 자랑 말고 교만하지 말라.
㈜ 자신의 장점은 마음의 즐거움이 되지만, 그로 말미암아 타인에게 자만〈자기 일을 거만하게 자랑함〉함이 없어야 하며, 교만하거나 자랑함도 없어야 함.

信
- 음: 믿을 신
- 뜻: 믿음·소식
- 쓰는 순서: 亻 亻' 亻' 信 信 信

器
- 음: 그릇 기
- 뜻: 그릇·재능
- 쓰는 순서: 丨 口 吅 吅 哭 器 器

使
- 음: 부릴 사
- 뜻: 시키다·부리다
- 쓰는 순서: 亻 亻' 亻' 佢 伊 使

欲
- 음: 탐낼 욕
- 뜻: 바라다·욕심
- 쓰는 순서: 人 グ 仒 谷 谷 谷 欲

可
- 음: 옳을 가
- 뜻: 옳다·가히
- 쓰는 순서: 一 丆 冂 可

難
- 음: 어려울 난
- 뜻: 어렵다·재앙
- 쓰는 순서: 艹 艹 芦 莫 剿 難 難

覆
- 음: 거듭 복
- 뜻: 다시·되풀이
- 쓰는 순서: 一 覀 覀 覀 覆 覆

量
- 음: 헤아릴 량
- 뜻: 헤아리다·분량
- 쓰는 순서: 丨 口 므 므 昌 量 量

---

47. 信使可覆 (신사가복) 믿음이 움직일 수 없는 진실한 도리라는 것을 알면 마땅히 되풀이하여 행하라.

㊟ 신(信)은 말이 진실하고 거짓이 없다는 말. 약속은 신(信)으로서 반드시 실지로 행하라는 뜻.

48. 器欲難量 (기욕난량) 인간의 기량〈덕과 재능〉은 깊고 깊어 헤아리기 어렵다.

㊟ 기(器)란 기량·재능·도량을 말함. 자기의 기량은 남이 쉽게 알지 못할 만큼 크고 넓어야 한다.

음	먹 묵
뜻	먹
쓰는순서	丨 冂 回 甲 里 黒 墨 墨

음	귀글 시
뜻	귀글·시
쓰는순서	亠 亠 亠 言 詩 詩 詩

음	슬플 비
뜻	슬픔
쓰는순서	丿 丨 非 非 非 悲 悲

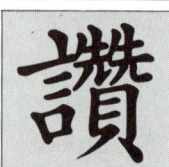

음	기릴 찬
뜻	기리다·도우다
쓰는순서	亠 言 言 言 訮 讚 讚

음	실 사
뜻	실·줄
쓰는순서	纟 纟 纟 糸 絲 絲 絲

음	염소 고
뜻	염소
쓰는순서	丶 丶 丷 羊 羔

음	물들일 염
뜻	물들임
쓰는순서	氵 氵 沈 沈 染 染

음	양 양
뜻	양
쓰는순서	丶 丶 丷 羊 羊

49. 墨悲絲染 (묵비사염) 흰 실에 검은 물감을 들이면 다시는 희게 되지 못함을 슬퍼한다.

주 나쁜 버릇에 물드는 것을 조심하라는 말. 사람은 착한 데에 물들면 착하게 되고, 악한 데에 물들면 악하게 된다는 뜻. ※ 근묵 자흑 (近墨者黑).

50. 詩讚羔羊 (시찬고양) 시경 고양편에 주(周)나라 문왕(文王)의 덕이 소남국(召南國)에까지 미쳤는 일을 칭찬한 말.

주 고양(羔羊)은 소남국 사람들이 문왕의 덕에 감화되어 염소나 양과 같이 온순해 졌다는 말. ※ 시경 (詩經) : 공자가 편찬했다고 하며 시 311편을 모은 책으로 이를 풀이하고 설명한 것이 시전(詩傳)임.

음	볕 경
뜻	볕·경치
쓰는순서	冂日旦早昙景景景

음	갈 행
뜻	가다·행하다
쓰는순서	ノノイ彳行行

음	이길 극
뜻	이기다
쓰는순서	一十古古克克剋

음	생각할 념
뜻	생각하다
쓰는순서	ノ人今今念念

음	맬 유
뜻	매다 지탱하다
쓰는순서	幺幺糸糸紀紀維

음	어질 현
뜻	어질다
쓰는순서	了 臣 臣' 臤 賢 賢

음	지을 작
뜻	짓다·만들다
쓰는순서	ノイイ仁竹作作

음	성인 성
뜻	성인·거룩하다
쓰는순서	一下耳耳即聖聖

51. 景行維賢 (경행유현) 행동을 빛나게 하는 사람은 어진 사람이 될 수 있다.

㊟ 경(景)은 크고 빛나고 분명함.
여러 가지 수양을 쌓아 나가면 마침내는 크게 덕을 갖춘 어진 사람이 될 수 있다는 뜻.

52. 剋念作聖 (극념작성) 힘써 마음속의 욕심이나 사심을 버리고 수양을 쌓으면 성인이 된다.

㊟ 극(剋)은 모든 것을 참고 이겨 내어 꾸준히 노력함.
성(聖)은 성인을 말함이며 성인이란 덕과 지혜가 뛰어나 오래오래 우러러 받들어 본받을 만한 사람.

德
음 큰 덕
뜻 크다. 은덕
쓰는순서 ク彳彳彳彳德德德

建
음 세울 건
뜻 세우다. 일으키다
쓰는순서 ㄱㄱㅋㅋ丰建建

形
음 형상 형
뜻 모양. 형세
쓰는순서 一二于开开'形形

端
음 끝 단
뜻 끝. 가.
쓰는순서 ㅗㅛㅛ立'端端

名
음 이름 명
뜻 이름. 사람
쓰는순서 ノクタ夕名名

立
음 설 립
뜻 서다
쓰는순서 ㅗㅛㅛ立

表
음 겉 표
뜻 거죽. 바깥
쓰는순서 一十キ丰丰表表

正
음 바를 정
뜻 바르다
쓰는순서 一丁下正正

53. 德建名立 (덕건명립) 덕으로써 선행을 하여 일을 이루면 그 이름 또한 아름답게 나타난다.

주 명립(名立)은 입신 양명 즉 몸을 일으켜 성공하여 이름을 날리는 것. 덕으로써 선행하여 나타난 이름은 마치 물체와 그림자의 원리와 같음.

54. 形端表正 (형단표정) 모습이 단정하고 깨끗하면 정직함이 겉에 저절로 나타난다.

주 즉 왕이 먼저 옳고 바른 본을 보이면, 벼슬아치는 충성되고 선비는 믿음과 지조가 굳으며, 백성은 마음이 착실하여진다는 뜻.

- 음: 빌 공
- 뜻: 공간. 공중
- 쓰는 순서: 空空空空空空

- 음: 골 곡
- 뜻: 골
- 쓰는 순서: 谷谷谷谷谷谷谷

- 음: 빌 허
- 뜻: 비어있음. 허비
- 쓰는 순서: 虛虛虛虛虛虛虛

- 음: 집 당
- 뜻: 집. 대청. 당당함
- 쓰는 순서: 堂堂堂堂堂堂堂

- 음: 전할 전
- 뜻: 전하다. 옮기다
- 쓰는 순서: 傳傳傳傳傳傳

- 음: 소리 성
- 뜻: 목소리. 노래
- 쓰는 순서: 聲聲聲聲聲聲聲

- 음: 익힐 습
- 뜻: 배우다. 습관
- 쓰는 순서: 習習習習習習習

- 음: 들을 청
- 뜻: 듣다
- 쓰는 순서: 聽聽聽聽聽聽

55. 空谷傳聖 (공곡전성) 성인과 현인의 말은 마치 빈 골짜기에 소리가 전해지듯이 멀리 퍼져 나간다.

㈜ 공곡(空谷)은 빈 골짜기를 말함.
군자의 말은 산울림처럼 퍼져 그 말을 공경하며 본받지 않는 자가 없다는 말.

56. 虛堂習聽 (허당습청) 빈 집에서의 소리가 잘 들리듯이 착한 말은 먼 곳까지 울린다.

㈜ 아무도 없는 어두운 곳이라 해도 어디에서나 눈으로 보고 귀로 듣고 있다는 말. 즉 '발 없는 말이 천리 간다'는 속담을 본보기로 하여 말을 삼가고 조심하라는 뜻.

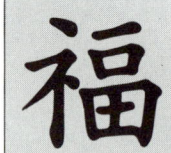

福
- 음: 복
- 뜻: 복
- 쓰는순서: 二 亍 亓 利 和 祁 祁 福

禍
- 음: 재화 화
- 뜻: 화. 재앙
- 쓰는순서: 二 亍 亓 利 和 祁 祁 禍

緣
- 음: 인연 연
- 뜻: 인연. 까닭
- 쓰는순서: 纟 纟 糸 糸 糸 紗 紗 緣 緣

因
- 음: 인할 인
- 뜻: 까닭. 말미암아
- 쓰는순서: 丨 冂 冂 円 因 因

惡
- 음: 악할 악
- 뜻: 나쁘다. 미워하다
- 쓰는순서: 一 亍 亞 亞 亞 惡 惡

善
- 음: 착할 선
- 뜻: 착하다. 훌륭하다
- 쓰는순서: 丷 丷 羊 善 善 善 善

積
- 음: 쌓을 적
- 뜻: 쌓다. 거듭하다
- 쓰는순서: 二 亍 亓 利 和 秆 秆 積 積

慶
- 음: 경사 경
- 뜻: 좋다. 좋은 일
- 쓰는순서: 广 广 庐 庐 庆 慶 慶

---

57. 禍因惡積 (화인악적) 재앙은 악한 일을 거듭함으로 인하여 생겨난다.

주 사람이 악한 일을 거듭하여 쌓을수록 스스로 재앙을 부른다는 것을 명심하여, 항상 악한 행동이 없도록 근신해야 한다는 말.

58. 福緣善慶 (복연선경) 복은 착하고 경사스러운 일로 인해서 생긴다.

주 행복이란 선행을 펴는 사람에게 찾아 오는 결과이며, 선행을 하는 집에는 항상 경사가 따른다.

※ 복은 스스로 돕는 사람에게 찾아 온다.

음: 자 척
뜻: 자
쓰는순서: ㄱㅋㅋ尺

음: 구슬 벽
뜻: 구슬. 둥근 옥
쓰는순서: ㄱ尸吊吊吊吊辟壁壁

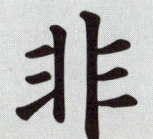
음: 아닐 비
뜻: 아니다. 그르다
쓰는순서: ㄐㅓㅓㅓㅓ非非

음: 보배 보
뜻: 보물. 돈
쓰는순서: 宀宀宀宀宝宝寶寶

음: 마디 촌
뜻: 마디. 헤아리다
쓰는순서: 一十寸

음: 그늘 음
뜻: 그늘. 음기
쓰는순서: ㄱ阝阝阝陰陰陰陰

음: 이 시
뜻: 이것
쓰는순서: ㅣㄇ日早早昰是

음: 다툴 경
뜻: 다투다. 겨루다
쓰는순서: ㅗㅛㅎ音音音竞競

---

59. 尺璧非寶 (척벽비보) 한 자나 되는 구슬은 아주 귀할지는 모르나 결코 진정한 보배는 아니다.

㈜ 척벽(尺璧)이란 지름이 한 자나 되는 둥근 구슬을 말하며, 이는 조(趙) 나라의 인상여(蘭相如)가 도로 찾아온 '화씨의 벽'을 이름이다.

60. 寸陰是競 (촌음시경) 짧은 시간은 서로가 다투듯이 귀중하다.

㈜ 촌음(寸陰)은 짧은 시간을 뜻함.
광음〈짧은 시간〉을 보배처럼 여기고 오로지 학문을 닦는 데 힘쓰라는 말. ※ 일촌 광음 (一寸光陰).

음	가로 왈
뜻	가로되
쓰는순서	丨 冂 日 日

음	도울 자
뜻	도움·자본
쓰는순서	丶 冫 冫 次 次 資 資

음	엄할 엄
뜻	엄하다
쓰는순서	口口 严 严 眉 嚴 嚴

음	아비 부
뜻	아버지
쓰는순서	丿 丷 グ 父

음	더불 여
뜻	더불어·주다
쓰는순서	𠂉 𠂉 𠂉 貞 與 與

음	섬길 사
뜻	일·섬기다
쓰는순서	一 一 冂 戸 写 写 事

음	공경할 경
뜻	공경하다·삼가다
쓰는순서	丶 艹 艹 芍 苟 敬 敬

음	임금 군
뜻	임금·남편·그대
쓰는순서	ㄱ ㄱ 尹 尹 君 君 君

---

61. 資父事君 (자부사군) 아버지를 섬기는 효도의 도리로 임금을 섬겨야 한다.

주 인륜의 으뜸이 군신(君臣)·부자(父子)이다. 즉 효성과 충성은 결국 한 마음에서 우러나는 것임.
※ 충신(忠臣)·효자(孝子)·효부(孝婦)·열녀(烈女)·효손(孝孫)·열부(烈婦) 등.

62. 曰嚴與敬 (왈엄여경) 그것은 엄숙히 하고 더불어 공경하는 것 뿐이다.

주 임금에게 부모 섬기듯 하면 가히 충신이 될 수 있다는 말. 즉 효도하는 마음과 충성하는 마음은 서로 통한다는 뜻.

孝	음 효도 **효** / 뜻 효도 / 쓰는 순서 一 十 土 耂 考 考 孝

當	음 마땅할 **당** / 뜻 마땅하다. 당하다 / 쓰는 순서 丨 ⺌ 씬 씋 営 當 當

忠	음 충성 **충** / 뜻 충성 / 쓰는 순서 丨 口 中 中 忠 忠 忠

則	음 곧 **즉** / 뜻 곧·법 / 쓰는 순서 丨 冂 爿 目 貝 則 則

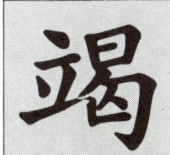

竭	음 다할 **갈** / 뜻 다하다 / 쓰는 순서 一 亠 立 ⺽ ⺾ 竭 竭

力	음 힘 **력** / 뜻 힘 / 쓰는 순서 フ 力

盡	음 다할 **진** / 뜻 다하다 / 쓰는 순서 ⺇ ⺻ 聿 尹 肀 聿 盡

命	음 목숨 **명** / 뜻 목숨·명령·운명 / 쓰는 순서 丿 人 人 合 合 命 命

63. **孝當竭力** (효당갈력) 효도는 마땅히 부모가 살아 계실 때 힘을 다하여 섬겨야 한다.

㊟ 효도는 부모가 죽은 후에는 할 수 없다는 말. 부모 생전에 마음을 즐겁게 해 드리고 지성껏 봉양하라는 뜻.

64. **忠則盡命** (충즉진명) 충성은 자기 목숨이 다할 때까지 힘써 해야 한다.

㊟ 충성이 여의치 못할 시는 죽음도 결심해야 된다는 것. 즉 충성과 효도의 방법의 차이점을 말했음.

臨
- 음 임할 림
- 뜻 임하다. 임시
- 쓰는 순서 ㅣ 臣 臣 臣 臣 臨 臨

夙
- 음 이를 숙
- 뜻 일찍. 새벽
- 쓰는 순서 ノ 几 凡 凡 夙 夙

深
- 음 깊을 심
- 뜻 깊이. 깊다
- 쓰는 순서 氵 氵 汈 涇 深 深 深

興
- 음 일어날 흥
- 뜻 일어나다. 흥겹다
- 쓰는 순서 ノ 乍 甪 頧 興 興

履
- 음 밟을 리
- 뜻 밟다. 신
- 쓰는 순서 コ 尸 尸 屉 屉 履 履

溫
- 음 따뜻할 온
- 뜻 따뜻하다
- 쓰는 순서 氵 氵 汩 泗 溫 溫 溫

薄
- 음 엷을 박
- 뜻 엷다. 박히다
- 쓰는 순서 艹 艹 萨 萨 薄 薄

清
- 음 서늘할 청
- 뜻 서늘하다
- 쓰는 순서 氵 氵 氿 洼 清 清 清

65. 臨深履薄(임심이박) 깊은 곳에 임하듯 엷은 곳을 밟듯 조심해서 행하여야 한다.

주 하늘과 땅사이의 영원히 변치 않는 떳떳한 도리인 효도와 충성을 행하는 마음 가짐을 나타낸 말.

66. 夙興溫清(숙흥온청) 일찍 일어나서 부모님이 계시는 곳이 추우면 덥게 해 드리고 더우면 서늘하게 해 드리라는 말.

주 즉 부모의 마음을 즐겁고도 편하게 해 드리고 밤의 잠자리와 새벽의 보살핌을 다 하라는 뜻.
※ 야적(夜寂)과 문안(問安).

似
- 음: 같을 사
- 뜻: 같다. 닮다
- 쓰는 순서: ノ 亻 亻 仏 似 似

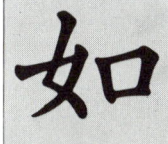

如
- 음: 같을 여
- 뜻: 어찌. 같다
- 쓰는 순서: 乄 夕 女 如 如 如

蘭
- 음: 난초 란
- 뜻: 난초
- 쓰는 순서: 艹 艹 芦 芦 蘭 蘭

松
- 음: 솔 송
- 뜻: 솔
- 쓰는 순서: 一 十 十 木 松 松 松

斯
- 음: 이 사
- 뜻: 이것
- 쓰는 순서: 一 廿 甘 其 其 斯 斯

之
- 음: 갈 지
- 뜻: 의. 이것
- 쓰는 순서: 丶 ㇇ 之

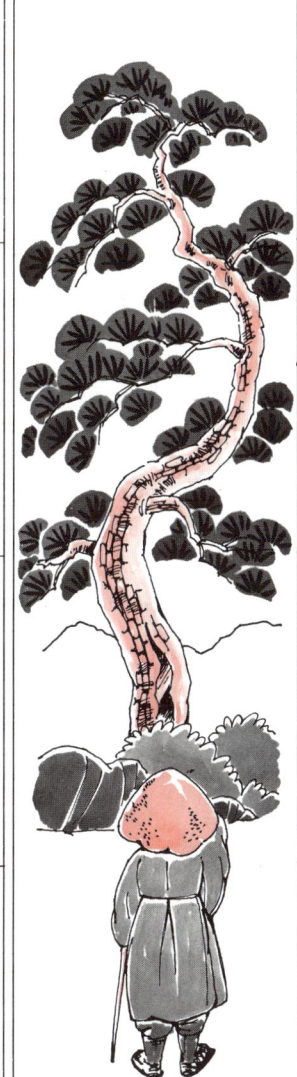

馨
- 음: 향기로울 형
- 뜻: 향기롭다
- 쓰는 순서: 一 吉 声 殸 殸 馨 馨

盛
- 음: 성할 성
- 뜻: 성하다
- 쓰는 순서: 一 厂 成 成 成 盛 盛

67. 似蘭斯馨 (사란사형) 난초와 같이 멀리까지 향기가 난다.
 주 군자의 지조를 비유한 말. 충효를 하는 데는 그 지조와 절개가 난초의 향기와도 꽃다웁다는 말.

68. 如松之盛 (여송지성) 소나무 같이 변치 않고 꾸준히 싱싱함을 말한다.
 주 뭇 사람들로부터 존경을 받는 군자의 절개와 지조는 성하기 마치 소나무와 같다는 말.
 ※ 상록의 송죽(松竹).

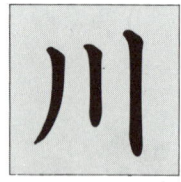
- 음: 내 천
- 뜻: 내
- 쓰는 순서: ノ 丿 川

- 음: 흐를 류
- 뜻: 흐르다. 떠돌다. 다니다
- 쓰는 순서: 氵氵汁汁沽流流

- 음: 아니 불
- 뜻: 아니다. 없다
- 쓰는 순서: 一アオ不

- 음: 쉴 식
- 뜻: 숨. 쉬다
- 쓰는 순서: 亻自自自息息

- 음: 못 연
- 뜻: 못. 깊다
- 쓰는 순서: 氵氵氵氵沪沪淵淵

- 음: 맑을 징
- 뜻: 맑다
- 쓰는 순서: 氵氵氵氵澄澄澄澄

- 음: 취할 취
- 뜻: 취하다. 갖다
- 쓰는 순서: 一ΓFFF耳取

- 음: 비칠 영
- 뜻: 비치다
- 쓰는 순서: 丨冂日日䁖䁖暎暎

---

69. 川流不息 (천류불식) 냇물은 흘러 흘러 쉬지 않는다.

㈜ 즉 쉬지 않고 학문을 닦으면 그 덕이 높아지고, 넓어지고 깊어져서 끝이 없듯이 평생을 꾸준히 학문에 힘쓰라는 말.

70. 淵澄取暎 (연징취영) 연못 물은 맑아서 속까지 비쳐 보인다는 말.

㈜ 즉 군자의 마음씨는 티끌 하나 없는 청정을 뜻한다. 그리하여 사물의 옳고 그름과 바르고 사악함을 분명하게 볼 수 있다는 것을 말하였음.

容	言
음 얼굴 용 뜻 얼굴. 용서하다 쓰는순서 ˋ宀宀宀宍宍容容	음 말씀 언 뜻 말 쓰는순서 ˋ一二言言言言

止	辭
음 그칠 지 뜻 그치다. 막다 쓰는순서 丨卜止	음 말씀 사 뜻 글. 사절 쓰는순서 ˊ爫爫爫產辭

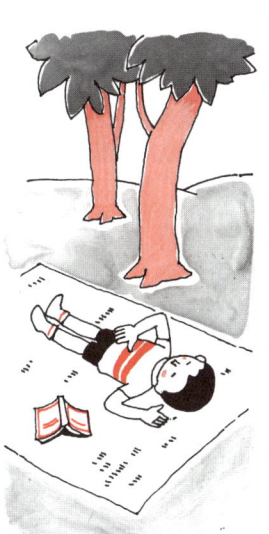

若	安
음 같을 약 뜻 같다. 만약 쓰는순서 艹艹若若	음 편안 안 뜻 편안하다 쓰는순서 ˋ宀宀安安

思	定
음 생각 사 뜻 생각하다. 의사 쓰는순서 丨口田田思思	음 정할 정 뜻 정하다 쓰는순서 ˋ宀宀宁定定

71. 容止若思 (용지약사) 앉으나 서나 나가거나 물러 가거나 언제나 자기의 과실〈허물〉이 있었나 없었나를 생각하라.

주 용지(容止)는 용모 거지를 뜻함. 군자는 언제나 그 행동에 허물이 없도록 노력하고 신중히 생각하라는 말.

72. 言辭安定 (언사안정) 말 하는 것은 언제나 안정되어야 한다.

주 말은 아무렇게나 해버리지 말라는 교훈. 쓸 데 없는 말은 하지 말 것이며, 가볍고 수다스럽지 말아야 한다는 뜻.

篤
- 음: 도타울 독
- 뜻: 독실하다
- 쓰는 순서: 􀀀 􀀀 􁃀 􁃀 􁃀 篤 篤

愼
- 음: 삼갈 신
- 뜻: 삼가하다
- 쓰는 순서: 忄 忄 忄 愼 愼 愼 愼

初
- 음: 처음 초
- 뜻: 처음. 첫
- 쓰는 순서: 丶 亠 亠 礻 礻 初 初

終
- 음: 끝 종
- 뜻: 마침. 끝
- 쓰는 순서: 乡 乡 糸 糸 紗 終 終

誠
- 음: 정성 성
- 뜻: 정성. 진실
- 쓰는 순서: 三 言 言 訂 訪 誠 誠

宜
- 음: 마땅할 의
- 뜻: 마땅하다
- 쓰는 순서: 丶 宀 宀 宜 宜 宜 宜

美
- 음: 아름다울 미
- 뜻: 아름답다
- 쓰는 순서: 丶 丶 丷 羊 羊 美 美

令
- 음: 하여금 령
- 뜻: 하여금. 명령
- 쓰는 순서: 丿 人 亼 令 令

73. 篤初誠美 (독초성미) 처음을 독실하게 하는 것은 진실로 아름다운 일이다.
  주 무슨 일에나 시작이 중하고 계획이 중하다는 말. 즉 실패가 없도록 하기 위하여 처음을 두텁게 주의를 기울이라는 뜻.

74. 愼終宜令 (신종의령) 끝맺음을 온전히 하도록 삼가는 것이 마땅하다.
  주 유종의 미를 이룬다는 것은 매우 중요한 일이니 좋은 결과를 이루도록 신중히 처리하라는 말.

榮
음 영
뜻 영화롭다. 명예
쓰는 순서 榮

籍
음 적
뜻 문서. 서적. 호적
쓰는 순서 籍

業
음 업
뜻 직업
쓰는 순서 業

甚
음 심
뜻 심하다. 더욱
쓰는 순서 甚

所
음 소
뜻 곳. 처소
쓰는 순서 所

無
음 무
뜻 없다
쓰는 순서 無

基
음 기
뜻 터. 기초
쓰는 순서 基

竟
음 경
뜻 마침내. 다하다
쓰는 순서 竟

75. 榮業所基 (영업소기) 벼슬아치가 되어 바른 행실을 함은 출세의 바탕이 된다.

주 영업(榮業)이란 벼슬아치가 되는 길을 말함. 입신 출세의 바탕은 행실을 바르게 하는 것임. ※ 청백리(淸白吏).

76. 籍甚無竟 (적심무경) 위와 같이 하면 명성〈세상에 널리 떨친 이름〉은 끝없이 빛날 것이다.

주 사람은 죽어서 이름을 빛내야 한다. 사람의 높은 성가〈세상의 좋은 평판〉는 그칠 때가 없이 후세까지도 칭찬을 받게 된다는 말.

- 음: 배울 **학**
- 뜻: 배우다. 학문
- 쓰는 순서: 〝 F 𦥯 𦥑 𦥯 學

- 음: 넉넉할 **우**
- 뜻: 넉넉하다. 뛰어나다
- 쓰는 순서: 亻 亻 亻 俨 偍 優 優

- 음: 잡을 **섭**
- 뜻: 끌어 잡다
- 쓰는 순서: 一 亻 扌 扩 抈 攝 攝

- 음: 일 **직**
- 뜻: 관직. 사업
- 쓰는 순서: 一 耳 耴 聒 職 職 職

- 음: 오를 **등**
- 뜻: 오르다 올리다
- 쓰는 순서: 𠀎 𠀎 𠀎 癶 癹 登 登

- 음: 벼슬 **사**
- 뜻: 벼슬. 섬기다
- 쓰는 순서: 丿 亻 亻 什 仕

- 음: 쫓을 **종**
- 뜻: 따르다. 쫓다
- 쓰는 순서: 丿 彳 𣥂 𣥂 𣥂 從

- 음: 정사 **정**
- 뜻: 정사. 다스리다
- 쓰는 순서: 一 T 正 政 政 政

77. 學優登仕 (학우등사) 학문이 우수하면 벼슬에 오른다.
> 등사(登仕)는 벼슬길에 오름. 등사하려면 덕스러운 행실을 닦고 학문을 쌓아야 함.

78. 攝職從政 (섭직종정) 벼슬을 잡으면 생각대로 정사를 다스릴 수가 있다.
> 대개 종四품 이상의 대부(大夫)의 지위에 올라 정부〈조정〉의 중요한 자리에 섬. 옛날에는 등사하여 나라의 정사에 참여함을 최고의 명예로 알았음.

음	있을 존
뜻	있다
쓰는 순서	一ナイナ存存

음	써 이
뜻	…로써. 부터
쓰는 순서	以以以以

음	달 감
뜻	달다
쓰는 순서	一十廿甘甘

음	아가위 당
뜻	아가위 나무
쓰는 순서	丷屮屮尚常常棠

음	갈 거
뜻	가다. 지나다
쓰는 순서	一十土去去

음	어조사 이
뜻	말이음
쓰는 순서	一厂厂厂而而

음	더할 익
뜻	이익. 유익
쓰는 순서	八公公谷谷益益

음	읊을 영
뜻	읊다. 노래하다
쓰는 순서	丶亠言言訓訓詠

79. 存以甘棠 (존이감당) 주(周)나라 소공(召公)이 감당나무 밑에서 정사를 살펴 그 덕을 만민이 입었다는 고사.

주 소공(召公)이 죽은 뒤에 백성들이 그 덕을 사모하여 감당나무를 소중히 보존하였다는 말.
※ 감당편(甘棠篇).

80. 去而益詠 (거이익영) 소공(召公)이 죽은 후 백성들이 감당편에 노래를 남겨 그 덕을 잊지 않았다.

주 소공(召公)은 주(周)나라 성왕(成王)을 섬긴 서부 제후〈서부의 우두머리〉의 총두목격. 감당(甘棠)은 아가위 나무임.

樂
- 음: 풍류 악 (즐길 락)
- 뜻: 풍류. 즐기다
- 쓰는 순서: 白 自 卓 幽 樂 樂 樂

殊
- 음: 다를 수
- 뜻: 다르다. 뛰어나다
- 쓰는 순서: 一 ア 歹 歹 殊 殊

禮
- 음: 예도 례
- 뜻: 절·예절
- 쓰는 순서: 二 示 和 禮 禮 禮

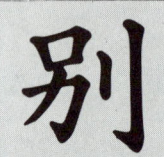

別
- 음: 분별할 별
- 뜻: 분별하다. 이별
- 쓰는 순서: 丨 冂 口 므 另 別 別

貴
- 음: 귀할 귀
- 뜻: 귀하다
- 쓰는 순서: 冂 口 虫 虫 贵 貴 貴

賤
- 음: 천할 천
- 뜻: 천하다. 업신여기다
- 쓰는 순서: 冂 貝 貝 戝 賤 賤 賤

尊
- 음: 높을 존
- 뜻: 높다. 공경하다
- 쓰는 순서: 丷 쓰 酋 酋 酋 尊

卑
- 음: 낮을 비
- 뜻: 낮다. 천하다
- 쓰는 순서: 丿 白 白 鱼 阜 卑 卑

---

81. 樂殊貴賤 (악수귀천) 풍류〈멋스럽게 노는 일〉는 사람의 귀하고 천함에 따라 각각 다르게 했다.

㊟ 춤추며 멋스럽게 노는 무악(舞樂)은 사람의 귀하고 천함에 따라 다르게 했음. 천자〈황제〉 8일, 제후 6일, 대부 4일, 선비 2일로 정했음.

82. 禮別尊卑 (예별존비) 예도〈예절〉는 사람의 높고 낮음에 따라 구별하여 질서를 바르게 하였다.

㊟ 관혼상제〈관례·혼례·상례·제례〉 등의 모든 예식도 상하 귀천의 구별에 따라 가려서 하였음.

上
- 음: 위 상
- 뜻: 위. 높다. 임금
- 쓰는 순서: 丨 上 上

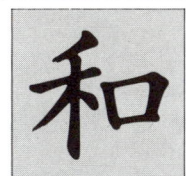

和
- 음: 화할 화
- 뜻: 화목하다. 온화하다
- 쓰는 순서: 二 千 禾 禾 禾 和 和

夫
- 음: 지아비 부
- 뜻: 남편. 사내
- 쓰는 순서: 一 二 ナ 夫

唱
- 음: 부를 창
- 뜻: 노래. 부르다
- 쓰는 순서: 丨 口 叩 呾 呾 唱 唱

下
- 음: 아래 하
- 뜻: 아래. 내리다. 낮다
- 쓰는 순서: 一 T 下

睦
- 음: 화목할 목
- 뜻: 화목하다. 친하다
- 쓰는 순서: 丨 刂 目 目 目 目 睦 睦

婦
- 음: 아내 부
- 뜻: 아내. 며느리. 지어미
- 쓰는 순서: 乚 乂 女 女 婦 婦 婦 婦

隨
- 음: 따를 수
- 뜻: 따르다
- 쓰는 순서: 彐 阝 阝 阝 阝 阝 阝 隨 隨

83. 上和下睦 (상화하목) 위 사람이 인자하고 온화하게 이끌어 가면 아랫 사람은 공경하고 화목하게 된다.

주 임금이 신하를 교화하면 신하는 임금을 존경하여 상하가 화목하게 됨을 뜻함.

84. 夫唱婦隨 (부창부수) 남편이 어떤 일을 제의하면 아내는 남편을 따르되 결코 앞에 먼저 나서지 않는다.

주 즉 양(陽)이 부르면 음(陰)이 이에 따르고 남자가 앞에 나서면 여자는 뒤를 따른다는 부부의 도리를 말함.

음	바깥 외
뜻	바깥. 외방
쓰는 순서	ノクタ外外

음	받을 수
뜻	받다
쓰는 순서	⺍⺼⻖受受

음	들 입
뜻	들어옴. 들어감
쓰는 순서	ノ入

음	받들 봉
뜻	받들다
쓰는 순서	一二三声夫춒奉

음	스승 부
뜻	스승
쓰는 순서	亻亻⺅傅傅傅

음	가르칠 훈
뜻	가르치다. 훈계하다
쓰는 순서	亠亖言訁訓訓

음	어미 모
뜻	어머니
쓰는 순서	ㄴ乂ㄡㄫ母

음	거동 의
뜻	거동. 본보기
쓰는 순서	亻亻⺅伴伴儀儀

---

85. 外受傅訓 (외수부훈) 사람이 밖에 나가서는 스승의 가르침을 받아 잘 지켜야 한다.

㊟ 본래 옛날에는 10세가 되면 스승의 가르침을 받기 위하여 집 밖에 나갔음. 또 13세가 되면 '소학'에 들어가 공부하였다고 함.

86. 入奉母儀 (입봉모의) 사람이 안에 들어와서는 어머니의 행동을 본받고 그 가르침을 잘 지켜야 한다.

㊟ 의(儀)는 규범〈본보기·모범〉이며, 표준을 뜻함.

諸
- 음: 모두 제
- 뜻: 모든. 여러
- 쓰는 순서: 亠言言言言諸諸諸

姑
- 음: 고모 고
- 뜻: 고모. 시어머니
- 쓰는 순서: ㇄ㄑ 女 女 女 姑 姑

猶
- 음: 같을 유
- 뜻: 같다. 오히려
- 쓰는 순서: ノ ブ ㇉ ㇈ ㇉ 猶 猶 猶

子
- 음: 아들 자
- 뜻: 아들
- 쓰는 순서: ㇅ 了 子

伯
- 음: 맏 백
- 뜻: 맏이. 첫
- 쓰는 순서: ノ 亻 亻 亻 伯 伯 伯

叔
- 음: 아저씨 숙
- 뜻: 아저씨
- 쓰는 순서: 丨 上 卜 ㇐ 未 叔 叔

比
- 음: 견줄 비
- 뜻: 견주다. 비례
- 쓰는 순서: 一 卜 上 比

兒
- 음: 아이 아
- 뜻: 아이. 아들
- 쓰는 순서: ノ 亻 亻 亻 臼 臼 兒 兒

---

87. 諸姑伯叔 (제고백숙) 여러 고모와 백부·숙부는 아버지의 형제 자매이니 친척이다.

주 고(姑)는 고모·시어머니를 가리킴. 백(伯)은 큰아버지(伯父)를 가리킴. 숙(叔)은 작은 아버지(叔父)를 가리킴. ※ 부당(父黨) 친족(親族).

88. 猶子比兒 (유자비아) 조카들도 자식과 같이 견줄 수 있으니 한 가지로 여겨야 한다.

주 조카는 내 형제의 자식이니 내 자식과 다름이 없다는 뜻.
※ 여기에 상복(喪服)을 같이 취급하고 있음.

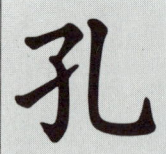

孔		同
음 매우 (구멍) 공 뜻 매우. 구멍 쓰는순서 ㄱ 了 孑 孔		음 한가지 동 뜻 한가지. 함께 쓰는순서 丨 冂 冂 同 同 同
懷		氣
음 생각할 회 뜻 품다. 생각하다 쓰는순서 丶 忄 忄 忄 忄 懷		음 기운 기 뜻 기운. 숨 쓰는순서 ′ 气 气 気 氣 氣 氣

兄		連
음 맏 형 뜻 맏이. 형 쓰는순서 丨 冂 口 尸 兄		음 연할 련 뜻 연하다. 이으다 쓰는순서 一 冂 冃 車 車 連
弟		枝
음 아우 제 뜻 아우. 제자 쓰는순서 丶 丷 丷 弖 弟 弟		음 가지 지 뜻 가지 쓰는순서 一 十 才 木 朾 杸 枝

---

89. 孔懷兄弟 (공회형제) 형제는 서로 사랑하고 도우며 의좋게 지내야 한다.

주 공(孔)이란 형제를 생각하는 사람의 더할 수 없는 정을 말함. 형제간은 서로 우애가 있어야 가정이 화목하다.

90. 同氣連枝 (동기연지) 형제는 부모의 기운〈피와 살〉을 같이 타고 났으니 나무에 비하면 나뉘어 이어져 자란 가지와 같다.

주 형제는 부모의 기운을 같이 타고 났으니 골육(骨肉)이며, 한 줄기에서 자란 가지와 잎과 같음.

交
음: 사귈 교
뜻: 사귀다. 오고 가다
쓰는 순서: 亠亠六亣交

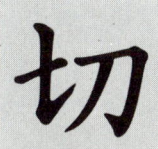

切
음: 새길(끊을) 절
뜻: 끊다. 새기다
쓰는 순서: 一 七 切切

友
음: 벗 우
뜻: 벗. 우애
쓰는 순서: 一ナ方友

磨
음: 갈 마
뜻: 갈다
쓰는 순서: 亠广庐麻磨磨磨磨

投
음: 던질 투
뜻: 던지다
쓰는 순서: 一十才才护投投

箴
음: 경계할 잠
뜻: 경계하다. 돌침
쓰는 순서: 𠂉𠂉竹竹竹箴箴

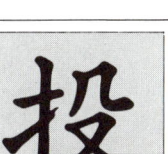

分
음: 나눌 분
뜻: 나누다. 분별하다
쓰는 순서: 丿八今分

規
음: 법 규
뜻: 법
쓰는 순서: 二夫刦却規規規

91. 交友投分 (교우투분) 벗을 사귀는 데는 분수를 다해서 의기를 투합하여야 한다.

주 교(交)는 아주 친근하게 사귄다는 말. 투분(投分)은 정의와 분수를 다 한다는 말.

92. 切磨箴規 (절마잠규) 학문과 덕행을 갈고 닦아 서로 장래를 경계하고 잘못을 바르게 인도해야 한다.

주 절마(切磨)는 갈고 다듬는다는 말. 위 글은 학문을 갈고 닦으라는 한 가지 훈계사임.

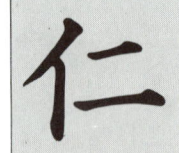

- 음: 어질 **인**
- 뜻: 어질다
- 쓰는 순서: ノ 亻 仁

- 음: 인자할 **자**
- 뜻: 사랑. 자애롭다
- 쓰는 순서: 慈

- 음: 잠깐 (만들) **조**
- 뜻: 만든다. 잠깐
- 쓰는 순서: 造

- 음: 버금 **차**
- 뜻: 버금. 다음. 차례
- 쓰는 순서: 次

- 음: 숨을 **은**
- 뜻: 숨다. 은퇴
- 쓰는 순서: 隱

- 음: 불쌍히 여길 **측**
- 뜻: 불쌍히 여김. 슬퍼함
- 쓰는 순서: 惻

- 음: 아닐 **불**
- 뜻: 아니다. 어기다
- 쓰는 순서: 弗

- 음: 떠날 **리**
- 뜻: 떠나다. 떨어지다
- 쓰는 순서: 離

93. 仁慈隱惻 (인자은측) 어질고 자애로운 마음으로 측은하게 여긴다는 말.
주 인(仁)이란 두 사람〈二人〉의 합자이니 서로 사랑한다는 말이며, 자(慈)는 더욱 부드러운 마음씨 즉 어머니의 사랑 같은 것이다.

94. 造次弗離 (조차불리) 잠시 동안이라도 흐트러져서는 안 된다는 말.
주 조차(造次)는 잠시 동안이라는 뜻. 남을 동정하는 마음을 항상 간직해야 한다는 말.

절개, 의리

청렴, 사양

節
- 음: 절개 절 (마디 절)
- 뜻: 절개. 마디
- 쓰는 순서: ｀ ⺮ ⺮ 竹 笃 筲 節

義
- 음: 옳을 의
- 뜻: 정의. 의리
- 쓰는 순서: ⺷ 羊 美 義

廉
- 음: 청렴할 렴
- 뜻: 청렴하다. 염치
- 쓰는 순서: 亠 广 产 庐 庐 廉 廉

退
- 음: 물러갈 퇴
- 뜻: 물러나다. 물리치다
- 쓰는 순서: ｀ ㄱ 艮 艮 艮 艮 退

顚
- 음: 엎어질 전
- 뜻: 넘어지다. 정수리
- 쓰는 순서: 亠 广 卣 肖 眞 眞 顚

沛
- 음: 자빠질 패
- 뜻: 자빠지다. 쏟아지다
- 쓰는 순서: ｀ ｀ 氵 氵 汁 沛 沛

匪
- 음: 아닐 비
- 뜻: 아니다. 도둑
- 쓰는 순서: 一 丁 扌 非 匪 匪 匪

虧
- 음: 이지러질 휴
- 뜻: 이지러지다. 줄다
- 쓰는 순서: 亠 广 卢 虎 虧 虧 虧

95. 節義廉退 (절의염퇴) 절개·의리·청렴·사양은 군자의 조심하여야 할 일이다.

주 절(節)은 절개로 옳은 일을 지키어 뜻을 굽히지 아니함. 의(義)는 의리로 올바른 도리임. 염(廉)은 청렴이니 마음이 높고 깨끗하여 탐하는 욕심이 없음. 퇴(退)는 사양이니 이로운 일을 남에게 양보함.

96. 顚沛匪虧 (전패비휴) 이 군자의 도는 엎어지고 자빠져도 이지러지지 아니한다.

주 군자의 도는 남의 꾀임에 빠지지 않는 고로 청청한 소나무나 대나무처럼 꿋꿋하고 의젓하게 지키며 잊지 아니함.

性
- 음: 성품 성
- 뜻: 성질. 성
- 쓰는순서: 丶 忄 忄 忄 忄 性 性

靜
- 음: 고요할 정
- 뜻: 고요하다. 조용하다
- 쓰는순서: 二 丰 青 青 青 静 静 靜

心
- 음: 마음 심
- 뜻: 마음. 가운데
- 쓰는순서: 丿 心 心 心

動
- 음: 움직일 동
- 뜻: 움직이다
- 쓰는순서: 二 千 旨 旨 重 動 動

情
- 음: 뜻 정
- 뜻: 뜻·정
- 쓰는순서: 丶 忄 忄 忄 情 情 情

逸
- 음: 편안할 일
- 뜻: 편안하다. 달아나다
- 쓰는순서: 丿 ク 免 免 免 免 逸

神
- 음: 정신 신 (귀신 신)
- 뜻: 정신. 귀신
- 쓰는순서: 二 于 禾 ネ 神 神 神

疲
- 음: 피곤할 피
- 뜻: 피곤하다. 지치다
- 쓰는순서: 广 广 疒 疒 疒 疲 疲

97. 性靜情逸 (성정정일) 성품이 고요하면 마음이 편안하다.
- 주 고요함은 천성이며 움직이는 것은 인정이다. 정에는 희·노·애·락·애·오·욕의 7정이 있어 겉으로 나타나며, 마음은 사물을 생각하는 곳이다.

98. 心動神疲 (심동신피) 마음이 움직이면 정신이 피로〈지침〉해진다.
- 주 마음이 바깥 물체에 움직일 때는 정신까지도 영향을 받아 자연히 피로해짐.
  ※ 심신 일체 (心身一體).

- 음: 지킬 수
- 뜻: 지키다. 막다
- 쓰는 순서: 丶丶宀宁守守

- 음: 참 진
- 뜻: 참
- 쓰는 순서: 一七卢卢直直眞眞

- 음: 쫓을 축
- 뜻: 쫓다
- 쓰는 순서: 一丁丁豕豕豕逐

- 음: 재물 물(만물 물)
- 뜻: 만물. 물건
- 쓰는 순서: 丿ㅗ牛牜物物物

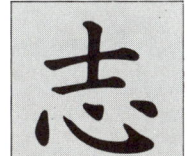
- 음: 뜻 지
- 뜻: 뜻. 적다
- 쓰는 순서: 一十士志志志

- 음: 가득할 만
- 뜻: 가득하다. 꽉차다
- 쓰는 순서: 氵氵洴洴滿滿滿

- 음: 뜻 의
- 뜻: 뜻. 생각. 의미
- 쓰는 순서: 亠产产音音意

- 음: 옮길 이
- 뜻: 옮기다. 바꾸다
- 쓰는 순서: 二千禾和移移移

---

99. 守眞志滿 (수진지만) 사람이 본래의 참된 마음을 지키면 뜻이 가득해져서 풍부하게 된다.

주 참 마음을 지켜 잃지 않으면 만족해지고 여유가 있게 되니 이것이야말로 천명에 순종하는 군자의 도로써 뜻이 편안해짐.

100. 逐物意移 (축물의이) 물건을 탐하는 욕심을 따르면 마음도 착하지 못한 쪽으로 변해 간다.

주 조〈매마름〉한 것이나 습〈축축함〉한 것에 따라 가벼워지거나 무거워지지 않고, 궁〈막힘〉하고 달〈깨달음〉한 것에 따라 절개를 바꾸지 말라는 말.

堅
- 음 굳을 견
- 뜻 굳다·굳세다
- 쓰는순서 一厂FF臣坚堅堅

持
- 음 가질 지
- 뜻 가지다·지니다
- 쓰는순서 一十扌扌扩持持

好
- 음 좋을 호
- 뜻 좋다·사이좋다
- 쓰는순서 く夕女女好好

爵
- 음 벼슬 작
- 뜻 벼슬·술잔
- 쓰는순서 一⺌罒爫爯爵爵

雅
- 음 아담할 아
- 뜻 아담하다·바르다
- 쓰는순서 一二牙开邪雅雅

操
- 음 지조 조
- 뜻 지조·부리다
- 쓰는순서 一十扌扌押操操

自
- 음 스스로 자
- 뜻 스스로·자기·저절로
- 쓰는순서 ′亻白白自自

縻
- 음 얽어맬 미
- 뜻 얽어매다
- 쓰는순서 一广庐麻麻縻縻

---

101. **堅持雅操** (견지아조) 맑고 바른 지조〈지켜 바꾸지 않는 굳은 기운〉를 굳게 지키라는 말.

주 지조를 굳게 지키는 덕있는 사람은 남이 그를 존경하게 되며, 따라서 임금도 그를 믿게 된다는 뜻.

102. **好爵自縻** (호작자미) 위와 같이 하면 좋은 벼슬이 스스로 내몸에 얽혀 들어 온다.

주 왕과 뭇 신하들이 신임하면 언젠가는 좋은 벼슬이 그를 기다리게 된다. ※ 모범 공무원과 청백리.

都 음 도읍 **도** 뜻 서울·도회지 쓰는순서 一十卡者者者都都		東 음 동녘 **동** 뜻 동쪽 쓰는순서 一厂戸百申東東
邑 음 고을 **읍** 뜻 고을·마을·도읍 쓰는순서 口口吊吊邑		西 음 서녘 **서** 뜻 서쪽 쓰는순서 一厂丙丙西西
華 음 나라이름 **화** 뜻 빛나다·나라 쓰는순서 華	 낙양	二 음 둘 **이** 뜻 둘·둘째·두번 쓰는순서 一二
夏 음 나라**하**(여름**하**) 뜻 여름·나라 쓰는순서 一丁丙百頁夏夏	 장안	京 음 서울 **경** 뜻 서울 쓰는순서 ㅗ古古古京京

103. **都邑華夏** (도읍화하) 왕성의 도읍을 화하에 정하게 되다.
　주　도읍(都邑)은 왕성(王城)이 있는 곳, 즉 서울.
　　　화하(華夏)는 중국을 달리 부르는 이름. ※ 천하의 도읍을 중국에 정한다는 말.

104. **東西二京** (동서이경) 동쪽과 서쪽에 두 서울이 있어 화하의 도읍이 된다.
　주　이경(二京)은 동경(東京)과 서경(西京)을 말함인데, 동경은 낙양(洛陽)이요 서경은 장안(長安)이다.
　　　※ 중국 역대의 서울이었음.

- 음: 등 배
- 뜻: 등·뒤

- 음: 북망산 망
- 뜻: 산이름

- 음: 향할 (얼굴) 면
- 뜻: 얼굴·대하다·향하다

洛
- 음: 낙수(물) 락
- 뜻: 물·물이름

- 음: 뜰 부
- 뜻: 뜨다·떠다니다

- 음: 물이름 위
- 뜻: 물이름

- 음: 의지할 거
- 뜻: 의지하다·웅거하다

- 음: 물이름(통할) 경
- 뜻: 물이름·통하다

---

105. 背邙面洛 (배망면락) 동경인 낙양은 북망산을 등지고 앞으로는 낙수를 바라 보는 곳이다.

주 낙양의 땅의 형세에 대하여 쓴 글. ※ 동경부(東京賦)라는 노래에는 '泝洛背面' 즉 '낙수를 거슬러 올라가 황하를 등지고 있다'라고 되어 있음.

106. 浮渭據涇 (부위거경) 서경인 장안은 위수 가에 있으며 경수를 의지하고 있다.

주 장안의 땅의 형세에 대하여 쓴 글. ※ 서경부(西京賦)라는 노래에는 '앞으로 종남산과 대일산이 솟아 있고 뒤로는 위수를 의지하고 경수가 옆으로 흐르고 있다'라고 되어 있음.

宮
- 음 궁궐 궁
- 뜻 궁궐·집
- 쓰는순서 宀宀宁宁宫宫

殿
- 음 대궐 전
- 뜻 대궐·전각
- 쓰는순서 尸尸屈屈殿殿

盤
- 음 서릴(쟁반) 반
- 뜻 받침·쟁반·바탕
- 쓰는순서 月月舟舟般般盤

鬱
- 음 울창할 울
- 뜻 울창하다·빽빽하다
- 쓰는순서 林 梵 梵 梵 鬱 鬱 鬱

樓
- 음 다락 루
- 뜻 다락·다락집
- 쓰는순서 一木 栌 桾 楎 樓 樓

觀
- 음 대궐(볼) 관
- 뜻 보다·관대·경치
- 쓰는순서 艹 苗 荤 雚 雚 觀

飛
- 음 날 비
- 뜻 날다
- 쓰는순서 乙飞飞飛飛飛

驚
- 음 놀랄 경
- 뜻 놀라다
- 쓰는순서 艹 芍 苟 敬 敬 驚 驚

107. 宮殿盤鬱 (궁전반울) 궁과 전은 울창한 나무 사이에 빈틈 없이 세워져 있다.

🖪 궁(宮)은 궁궐 즉 대궐을 뜻함. 전(殿)은 전각(임금이 거처하는 집) 즉 궁전과 누각을 뜻함. 빈틈 없이 세워진 건물의 웅장함을 나타냄.

108. 樓觀飛驚 (누관비경) 누와 관은 하늘을 날을 듯 놀랍게 솟아 있다.

🖪 누(樓)는 고루(高樓) 즉 높은 다락집을 말하며, 관(觀)은 관대(觀臺) 즉 널리 바라보는 정자(亭子)를 말함. 하늘에 솟아 있는 누관이 마치 새가 날개를 펴고 나는 모습처럼 장대함을 나타냄.

圖
음 그림 도
뜻 그림 · 꾀함
쓰는순서 丨冂冃冋冐圖圖

寫
음 베낄 사
뜻 베끼다 · 본뜨다
쓰는순서 宀宀宁宵寫寫

禽
음 새 금
뜻 새 · 날짐승
쓰는순서 人厶今仒禽禽禽

獸
음 짐승 수
뜻 짐승 · 길짐승
쓰는순서 甲罒罒單單獸獸

畫
음 그림 화
뜻 그림 · 그리다
쓰는순서 ユユヨ圭書畫畫

採

彩
음 채색 채
뜻 채색 · 광채 · 무늬
쓰는순서 ㄧ 爫 平 采 彩 彩

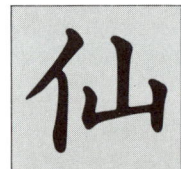

仙
음 신선 선
뜻 신선
쓰는순서 ノイ仁仙仙

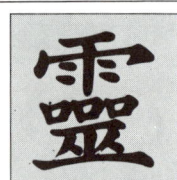

靈
음 신령 령
뜻 신령 · 영혼
쓰는순서 宀雨雷霛霝靈靈

109. 圖寫禽獸 (도사금수) 궁전 내부의 벽에는 새와 짐승의 그림이 그려져 있다.

주 용봉·기린·주작·현무 등을 그리고 단청까지 아름답게 곁들여, 장식의 화려함을 설명한 글임.

110. 畫彩仙靈 (화채선령) 신선과 신령들의 모습도 화려하게 채색(물감으로 칠함)하여 그렸다.

주 신선들과 구름의 기운, 하늘과 땅, 산신, 바다의 신령들의 형상을 아름답게 그려 궁전 장식의 웅장함과 화려함을 나타낸 글.

- 음: 갑옷 갑
- 뜻: 갑옷・껍질
- 쓰는순서: 丨 冂 日 日 甲

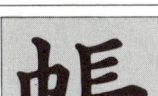

- 음: 휘장 장
- 뜻: 휘장・장막
- 쓰는순서: 冂 巾 忙 怦 帳 帳

- 음: 남녘 병
- 뜻: 남녘
- 쓰는순서: 一 丆 丙 丙

- 음: 집 사
- 뜻: 집
- 쓰는순서: 丿 人 人 全 舍 舍 舍

- 음: 마주볼 대
- 뜻: 마주보다・대답하다
- 쓰는순서: 丨 业 业 丵 對 對

- 음: 기둥 영
- 뜻: 기둥
- 쓰는순서: 一 木 术 析 楹 楹 楹

- 음: 곁 방
- 뜻: 곁
- 쓰는순서: 亻 仁 伫 倅 倅 傍 傍

- 음: 열 계
- 뜻: 열다・일깨우다・여쭙다
- 쓰는순서: 厂 戶 户 所 欧 啓 啓

---

111. 丙舍傍啓 (병사방계) 신하들이 쉬는 병사의 문은 정전(正殿) 옆에 열려 있다.

㊟ 병사(丙舍)는 10사(十舍)중 세번째의 건물임. 즉 궁중의 규모를 적은 글임.

112. 甲帳對楹 (갑장대영) 아름다운 휘장은 큰 기둥을 마주보며 둘려 있다.

㊟ 갑장(甲帳)은 유리・주옥・명월주・야광주 등으로 만들었음. 앞의 병사(丙舍)에 비해서 뒤에는 갑장(甲帳)이라 한 것이 재미있는 대구(對句)이다.

- 음: 벌여 놓을 사
- 뜻: 벌여놓다 · 방자하다
- 쓰는 순서: 丨 토 툿 툿큿 큿큿 肆

- 음: 대자리 연
- 뜻: 대자리 · 자리
- 쓰는 순서: 𠂉 𠂉 竺 竺 竺 筵 筵

- 음: 북 고
- 뜻: 북치다
- 쓰는 순서: 一 吉 吉 壴 壴 壹 鼓 鼓

- 음: 비파 슬
- 뜻: 악기 이름
- 쓰는 순서: 丅 𠂊 珡 珡 琴 瑟 瑟

- 음: 베풀 설
- 뜻: 베풀다
- 쓰는 순서: 二 言 言 訁 設 設 設

- 음: 자리 석
- 뜻: 자리 · 돗자리
- 쓰는 순서: 一 广 广 产 庶 席 席

- 음: 불 취
- 뜻: 불다
- 쓰는 순서: 丨 口 口 吖 吖 吹

- 음: 생황 생
- 뜻: 생황
- 쓰는 순서: 𠂉 𠂉 竺 竺 笙 笙

113. 肆筵設席 (사연설석) 그리고 대자리를 벌여 놓고 연회하는 좌석을 만들었다.

주 때로는 천자가 천하의 제후들을 불러 수고를 위로하는 잔치를 베풀었음. 연(筵)은 땅에 까는 돗자리. 석(席)은 연(筵) 위에 까는 자리.

114. 鼓瑟吹笙 (고슬취생) 북을 치고 비파를 뜯어가며 생황(피리)을 부니 잔치하는 풍류이다.

주 슬(瑟)은 25줄이 있는 악기로 거문고와 비슷하며, 생(笙)은 피리의 일종으로 박으로 만들었다고 함. 풍류의 광경을 나타낸 글.

陞
- 음: 오를 승
- 뜻: 오르다
- 쓰는순서: ｀ ㇋ ㇌ 阝 阝一 阝㇒ 阝尹 阝尹 陞

階
- 음: 층계 계
- 뜻: 층계 · 섬돌
- 쓰는순서: ㇌ 阝 阝ㄴ 阝ㄴㄴ 阝比 阝比ㅏ 阝皆 階

弁
- 음: 고깔 변
- 뜻: 고깔 · 관
- 쓰는순서: ㇀ ㇁ ㇒ 厶 弁

轉
- 음: 구를 전
- 뜻: 구르다 · 돌다
- 쓰는순서: 一 ㅂ 車 車一 車㇒ 車車 轉 轉

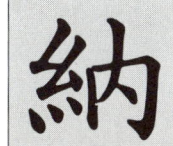

納
- 음: 들일 납
- 뜻: 들이다 · 바치다
- 쓰는순서: ㇉ 幺 糸 糸ㅣ 糹 納 納

陛
- 음: 섬돌 폐
- 뜻: 섬돌
- 쓰는순서: ｀ 阝 阝ㄴ 阝比 阝比ㅏ 阝坒 陛

疑
- 음: 의심할 의
- 뜻: 의심
- 쓰는순서: ㇀ ㇕ ㇐ 矣 矣㇀ 疑 疑

星
- 음: 별 성
- 뜻: 별
- 쓰는순서: 丨 冂 日 旦 星 星 星

115. 陞階納陛 (승계납폐) 문무 백관이 층계를 올라 섬돌에서 배알(천자에게 뵈임)을 들이는 절차를 말함.

주 천자가 거처하는 대궐은 9자, 섬돌은 9턱, 양쪽으로 올라가는 길이 있는데 층계 쪽을 계(階), 평평한 쪽을 폐(陛)라 했음.

116. 弁轉疑星 (변전의성) 백관이 쓴 관의 구슬이 움직이는 모습이 현란하여 별이 반짝이는 것처럼 의심스럽다.

주 변(弁)은 문무 백관이 쓴 관을 말하며, 옆에는 구슬이 달려 있음. 대궐에 들어갈 때 쓴 변(弁)의 구슬이 하늘의 별처럼 번쩍번쩍 빛나는 것을 말함.

右
- 음: 우
- 뜻: 오른, 오른쪽
- 쓰는 순서: 一ナオ右右

左
- 음: 좌
- 뜻: 왼, 왼쪽
- 쓰는 순서: 一ナチ左左

通
- 음: 통
- 뜻: 통할, 통하다·다니다
- 쓰는 순서: マ귁甬甬通通

達
- 음: 달
- 뜻: 통달할, 통달하다·깨닫다
- 쓰는 순서: 一土卉査幸幸達

廣
- 음: 광
- 뜻: 넓을, 넓다·널리
- 쓰는 순서: 亠广广产席庸廣

承
- 음: 승
- 뜻: 이을, 잇다·받들다
- 쓰는 순서: 了了子手序承承

内
- 음: 내
- 뜻: 안, 안·속
- 쓰는 순서: 丨冂内内

明
- 음: 명
- 뜻: 밝을, 밝다·똑똑하다
- 쓰는 순서: 丨冂日旫明明

117. 右通廣内 (우통광내) 오른 쪽은 비서들이 사무를 보는 광내전으로 통하고 있다.

㊟ 대궐 규모가 매우 넓고 큰 것을 말함. 광내(廣内)란 광내전을 뜻하며 승지(비서)들이 일을 보는 곳이다.

118. 左達承明 (좌달승명) 왼 쪽은 수직(守直)하는 승명려에 닿도록 되어 있다.

㊟ 승명(承明)은 승명려(承明廬)를 뜻하며, 수직하고 쉬는 곳이라고 하며 또는 사기(史記)를 교열(문서의 잘못된 곳을 고치며 검렬함)하는 곳이라고도 함.

旣	음 이미 기 / 뜻 이미 / 쓰는순서 ﾉ 白 自 自 皀 皀 旣 旣
集	음 모을 집 / 뜻 모으다·모이다 / 쓰는순서 ｲ ｲﾞ ｲﾞｲ 住 隹 集 集
墳	음 책이름(봉분) 분 / 뜻 무덤·책이름 / 쓰는순서 一 十 土 圵 圹 垮 墳 墳
典	음 법 전 / 뜻 법·기준 / 쓰는순서 丨 冂 曲 曲 典 典

亦	음 또 역 / 뜻 또·역시 / 쓰는순서 ﾠ 亠 亣 亣 亦 亦
聚	음 모을 취 / 뜻 모으다 / 쓰는순서 一 丆 F 月 取 聚 聚
群	음 무리 군 / 뜻 무리·떼 / 쓰는순서 ㄱ ㄱ 尹 君 君´ 君' 群 群
英	음 뛰어날 영 / 뜻 꽃부리·영웅·뛰어나다 / 쓰는순서 一 艹 艹 芇 英 英

119. 旣集墳典 (기집분전) 이미 여기에는 삼분(三墳)과 오전(五典)의 옛 서적을 모아 놓았으며,

㊟ 삼분(三墳)은 삼황(천황·지황·인황)의 일을 실은 책임. 오전(五典)은 오제(황제·전욱·제곡·제요·제순)의 사적을 적은 책임.

120. 亦聚群英 (역취군영) 또한 여러 뛰어난 분들을 모아 분전(墳典)을 강론(풀이하고 서로 모르는 것을 논함)하였다.

㊟ 삼분과 오전으로 강론하여 나라 다스리는 도리를 밝히고, 영재(英才)를 모아서 갈고 닦게 하여 나라에 봉사케 함.

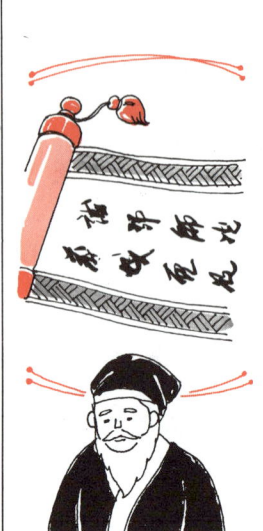

杜		漆	
음	막을 두	음	옻칠할 칠
뜻	막다·아가위나무	뜻	옻칠하다·캄캄하다
쓰는순서	一十才木木朴杜	쓰는순서	氵汁洴洴漆漆漆

藁		書	
음	원고 고	음	글 서
뜻	볏짚·원고	뜻	글·문서·책
쓰는순서	艹艹芦萬萬藁藁	쓰는순서	フユ聿書書書

鍾		壁	
음	쇠북 종	음	벽 벽
뜻	쇠북·술잔	뜻	벽·바람벽
쓰는순서	𠂉 亼 金 釒 鉅 鍾 鍾	쓰는순서	𠃍 尸 吕 吕辛 启辛 壁 壁

隷		經	
음	글씨 례	음	경서 경
뜻	예서·종	뜻	경서·경전·날
쓰는순서	一十卡素素隶隷隷	쓰는순서	幺 幺 糸 糸 經 經 經

121. 杜藁鍾隷 (두고종례) 명필인 두 백도의 초서와 종요의 예서도 비치해 두었다.

㊟ 후한 때의 두 백도(杜伯度)는 초서의 명필이었으며, 위나라의 종요(鍾繇)는 예서의 명필 명필이었음. ※ 六서~고문·전서·예서·해서·행서·초서.

122. 漆書壁經 (칠서벽경) 글로는 과두의 글과 공자의 옛집에서 나온 경서가 있다.

㊟ 칠서(漆書)는 대나무 쪽에 옻칠을 하여 고문 시대의 과두 문자로 쓴 글. 벽경(壁經)은 공자의 고문 상서·논어·효경의 옛 글을 말함.

- 음: 마을 부
- 뜻: 마을·관청·창고
- 쓰는순서: 亠广广庐府府

- 음: 길 로
- 뜻: 길
- 쓰는순서: ㅁ ㅁ ㅁ 昆 趵 跻 路

- 음: 벌일(비단) 라
- 뜻: 벌이다·비단
- 쓰는순서: 罒 罒 罒 罙 罗 羄 羅

- 음: 낄 협
- 뜻: 끼다·호협하다
- 쓰는순서: 亻 亻 亻 俠 俠 俠

- 음: 장수 장
- 뜻: 장수·장차
- 쓰는순서: 丬 爿 爿 㸦 㸦 將 將

- 음: 회나무(삼공) 괴
- 뜻: 회나무·정승
- 쓰는순서: 一 十 木 村 桾 桾 槐 槐

- 음: 정승(서로) 상
- 뜻: 서로·보다·재상
- 쓰는순서: 一 十 木 村 村 相 相 相

- 음: 벼슬 경
- 뜻: 벼슬
- 쓰는순서: 丿 夕 夕 卯 卯 卿 卿

---

123. 府羅將相 (부라장상) 관청에는 조회 때면 언제나 장수와 재상들이 벌려 늘어서 있다.

㊅ 부(府)는 三公 六卿 대부들이 나라의 일을 처리하던 곳임. 여기에는 문관과 무관의 높은 벼슬아치들이 즐비하였음.

124. 路俠槐卿 (노협괴경) 큰 행길은 공경 대부들의 저택을 끼고 있다.

㊅ 괴경(槐卿)이란 三公 九卿을 뜻함. 길에서는 三公 九卿들의 수레가 즐비하게 이어진 것을 볼 수 있었다는 말.

125. 戶封八縣(호봉팔현) 천자의 친척이나 공신에게는 호·현을 봉하여 살게 하였다.

㈜ 호(戶)는 민가 즉 백성의 집. 현(縣)은 一현에 10000호의 민가가 있었음. 여기에서 나오는 조세(세금)로 살도록 함.

126. 家給千兵 (가급천병) 친척이나 공신에게는 또 1000명의 병사를 주어 지키게 하였다.

㈜ 병(兵)은 제후나 공신들의 가병(家兵)으로 소속시켜 생명과 재산을 지키도록 하였음.

음	높을 고
뜻	높다
쓰는순서	亠亠古古高高高

음	갓 관
뜻	갓·관·어른이 되다
쓰는순서	冖冖冖完完冠冠

음	모실 배
뜻	돕다·모시다
쓰는순서	阝阝阝阝阼阼陪陪

음	수레 련
뜻	임금이 타는 수레
쓰는순서	二丰𨊥𨊥䡓輦輦

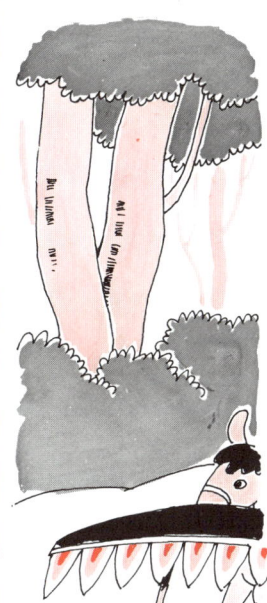

음	몰 구
뜻	몰다·달리다
쓰는순서	丨F馬馬馬驅驅

음	속바퀴 곡
뜻	바퀴·수레
쓰는순서	士吉壴𧆭𧆭𧆭轂

음	떨칠 진
뜻	떨치다·떨다
쓰는순서	一扌扌扩挀振振

음	갓끈 영
뜻	갓끈·관끈
쓰는순서	幺糸糸絧絧絧纓纓

127. 高冠陪輦 (고관배련) 높은 벼슬아치의 관을 쓰고 천자의 수레를 배종(모시고 따라감)케 하였다.

주 천자의 거동 때의 모습은 위의(위엄이 있는 엄숙한 몸차림)가 한층 엄숙하였음을 나타낸 글.

128. 驅轂振纓 (구곡진영) 수레를 빨리 몰게 하니 관의 끈이 크게 흔들리는 모습도 화려하였다.

주 대신들이 정장(관복을 모두 갖추어 입은 것)을 하고 천자의 수레를 모시고 갈 때는 더욱 화려한 행열이었음을 나타낸 글.

음	대대 (인간) 세
뜻	세상·대대로
쓰는순서	一 十 卅 卅 世

음	녹봉 록
뜻	급료·녹
쓰는순서	二 禾 矛 矛 禄 禄

음	수레 거
뜻	수레
쓰는순서	一 厂 币 币 盲 車

음	수레 가
뜻	가마·수레
쓰는순서	フ カ 加 加 智 駕 駕

음	사치할 치
뜻	사치하다
쓰는순서	亻 亻 伙 伙 侈 侈 侈

음	부자 부
뜻	부자·넉넉하다
쓰는순서	宀 宀 宫 宫 宫 富 富

음	살찔 비
뜻	살찌다·거름
쓰는순서	丿 几 月 月 肥 肥 肥

음	가벼울 경
뜻	가볍다·깔보다
쓰는순서	一 厂 亘 車 車 輕 輕

129. 世祿侈富 (세록치부) 대대로 내리는 녹은 사치스럽고도 많아 부귀 영화를 누렸다.

㈜ 대대로 왕으로부터 받는 녹봉(봉급)으로 공경 대부들은 부귀 영화를 누렸다는 당시의 모습을 적은 것임.

130. 車駕肥輕 (거가비경) 귀족들과 공신들의 말은 살찌고 수레는 가벼웠다.

㈜ 귀족이나 공신들은 질이 좋은 가벼운 갑옷으로 단장하고, 살찐 빼어난 말을 타고 다닌 생활 모습을 그린 말.

음 꾀 **책**
뜻 꾀·계책
쓰는순서 ⺮ ⺮ 竺 竺 笁 笚 策

음 공 **공**
뜻 공
쓰는순서 一 丁 功 功

음 성할 **무**
뜻 무성하다·우거지다
쓰는순서 茂茂

음 충실할(열매) **실**
뜻 열매·사실·충실하다
쓰는순서 宀 宀 宇 宙 實 實 實

음 새길 **륵**
뜻 새기다·억지로
쓰는순서 一 廿 廿 苫 苫 勒 勒

음 비석 **비**
뜻 비석
쓰는순서 厂 石 矿 碑 碑 碑

음 새길 **각**
뜻 새기다·시각
쓰는순서 亠 十 歺 亥 亥 刻 刻

음 기록할 **명**
뜻 기록하다
쓰는순서 ^ 스 金 釒 釤 釤 銘

131. 策功茂實 (책공무실) 공신들의 공을 기록함이 성하고도 충실했다.

주 공신들을 훈공자라 하였으며 모두가 부귀를 누렸으니 공적을 충실하게 적어 두었음. 공적을 기록하는 일은 진(秦)나라 시황제(始皇帝) 때부터 시작하였다고 함.

132. 勒碑刻銘 (늑비각명) 공신들의 공적을 비석에 새기고 글을 지어 돌에 새겼다.

주 비(碑)는 묘 앞이나 길 옆 등에 세운 돌을 말하며, 명(銘)은 훈공이나 행장(사람이 죽은 후 평생 지낸 일을 적은 글)을 비석에 기록하는 것을 뜻함.

	磻		佐 
음	반계 반	음	도울 좌
뜻	시내 이름	뜻	돕다
쓰는순서	厂石石石矿矿磻	쓰는순서	ノイ仁仕佐佐佐

	溪		時
음	시내 계	음	때 시
뜻	시내	뜻	때·철
쓰는순서	氵氵氵汃浫溪溪	쓰는순서	丨日日°時時時時

	伊 		阿 
음	저 이	음	언덕 아
뜻	저·이·어조사	뜻	벼슬 이름·언덕
쓰는순서	ノイ仁仔伊伊	쓰는순서	阝阝阝阿阿阿

	尹 		衡 
음	다스릴 윤	음	저울대 형
뜻	다스리다·맏다	뜻	저울·평평하다
쓰는순서	フユヨ尹	쓰는순서	彳彳衧衔衡衡衡

133. 磻溪伊尹 (반계이윤) 문왕은 반계에서 강 태공을 맞아들였고 탕왕은 신 야에서 이 윤을 맞아들였다.

주 주(周)나라 문왕(文王)은 반계에서 태공망(太公望) 여상(呂尚)을 맞아 나라를 흥하게 하였으며, 은(殷)나라 탕왕(湯王)은 신야(新野)에서 이 윤(伊尹)을 맞아 선정을 베풀 었음.

134. 佐時阿衡 (좌시아형) 위급한 때를 도와 공을 세워 아형의 벼슬에 올랐 었다.

주 이 윤(伊尹)이 하(夏)나라의 폭군 걸왕(桀王)을 내몰고 탕왕(湯王)을 도와 은(殷)나 라를 일으켜 선정을 베푼 공으로 아형(阿衡)의 벼슬에 올랐다는 고사.

奄
- 음: 문득 엄
- 뜻: 문득·매우
- 쓰는 순서: 一ナ夵夲奋奄

宅
- 음: 집 택
- 뜻: 집·댁
- 쓰는 순서: 丶宀宅宅

微
- 음: 아닐(작을) 미
- 뜻: 아니다·작다·미미하다
- 쓰는 순서: 彳彳彳微微微微

旦
- 음: 아침 단
- 뜻: 아침
- 쓰는 순서: 丨冂冃旦旦

曲
- 음: 굽을 곡
- 뜻: 굽다·가락
- 쓰는 순서: 丨冂冊曲曲

阜
- 음: 둔덕 부
- 뜻: 언덕·둔덕
- 쓰는 순서: 丿丶阝阜阜阜阜

孰
- 음: 누구 숙
- 뜻: 누구·어느·무엇
- 쓰는 순서: 亠亠亨享孰

營
- 음: 경영할 영
- 뜻: 경영하다·다스리다
- 쓰는 순서: 丶丷火炏炏營營

135. 奄宅曲阜 (엄택곡부) 주공의 공로에 보답코져 노(魯)나라 곡부에 큰 저택(집)을 지어 주었다.

주 주(周)나라의 성왕(成王)이 숙부되는 주공(周公)의 큰 공에 보답코져 노(魯)나라를 내려 주고 서울 곡부(曲阜)에 큰 저택을 마련하여 살게 하였다는 고사.

136. 微旦孰營 (미단숙영) 이것은 주공이 아니고는 누구도 이를 경영할 수 없다는 말.

주 주공 단(旦)이 아니고는 누구도 그런 큰 집을 곡부 땅에 짓게 했겠느냐는 말. ※ 노나라~지방이 700리요, 수레가 1000승이었다고 함.

桓
음 씩씩할 환
뜻 씩씩하다
쓰는순서 一十木 杧析桓桓

公
음 벼슬이름 공
뜻 벼슬·여러·공평하다
쓰는순서 ノ 八公公

濟
음 건널 제
뜻 건너다·구제하다
쓰는순서 氵汸汸済済濟濟

弱
음 약할 약
뜻 약하다·어리다
쓰는순서 ⁻ ⁻ 弓 弓'弱弱

匡
음 바를 광
뜻 바르다·바로잡다
쓰는순서 一一丁千王匡

合
음 모둘 합
뜻 합하다·모우다
쓰는순서 ノ 人 人 合 合 合

扶
음 도울 부
뜻 도우다·부축하다
쓰는순서 一 十 扌 扌- 抃扶

傾
음 기울어질 경
뜻 기울어지다
쓰는순서 亻 亻 化 佢 佰 傾 傾

137. 桓公匡合 (환공광합) 환공이 천하를 바로 잡아 제후를 모아 놓고 맹약을 지키도록 하였다.

주 제(齊)의 환공(桓公)은 주(周)나라 천자를 받들고 패업을 일으켜 맹주가 되고, 제후를 아홉번이나 모아 맹약을 지키도록 하였다는 고사.

138. 濟弱扶傾 (제약부경) 약한 자는 구제하고 기울어가는 나라를 도와 일으켰다.

주 제후와의 맹약으로 위태로움을 막고 주나라의 기울어가는 운수를 도와 바로 잡아서 왕실을 흥하게 하고 사방의 오랑캐를 무찌른 환공의 고사.

說
음 말씀 설 (기쁠 열)
뜻 말씀·기쁘다
쓰는순서 ` 言 訁 訂 詋 說 說

綺
음 비단 기
뜻 비단·아름답다
쓰는순서 幺 糸 糸 紵 紵 結 綺

回
음 회복할 회
뜻 돌아오다·회복하다
쓰는순서 丨 冂 冂 曰 回 回

感
음 감동할 감
뜻 느끼다·감동하다
쓰는순서 一 厂 后 咸 咸 咸 感

武
음 호반 무
뜻 호반·무용
쓰는순서 一 二 干 干 worth 正 武 武

漢
음 한나라 한
뜻 중국·한수
쓰는순서 氵 浐 浐 淮 滹 漢 漢

惠
음 은혜 혜
뜻 은혜·인자하다
쓰는순서 一 亍 百 亩 患 惠 惠

丁
음 장정 정
뜻 장정·일군
쓰는순서 一 丁

139. 綺回漢惠 (기회한혜) 기리계는 한나라 2대 혜제의 태자 때의 자리를 회복 시켜 주었다.

㊟ 장량(張良)의 도움으로 상산 사호 중의 한 사람인 기리계(綺里季)가 혜제(惠帝)의 위태로왔던 태자(太子) 자리를 지켜 드렸다는 고사.

140. 說感武丁 (열감무정) 부열은 무정의 꿈에 나타나서 그를 감동시켰다.

㊟ 은(殷)나라의 현인(어진 사람) 부열(傅說)은 고종(무정)의 꿈에 나타나서 잘 이끌어 주었기 때문에 뒤에 은(殷)나라의 정승이 되었다는 고사.

- 음: 준걸 준
- 뜻: 뛰어나다
- 쓰는 순서: 亻伀伀伀伀俊俊

- 음: 많을 다
- 뜻: 많다
- 쓰는 순서: ノク夕多多多

- 음: 어질 예
- 뜻: 어질다
- 쓰는 순서: ノ乂

- 음: 선비 사
- 뜻: 선비·사내
- 쓰는 순서: 一十士

- 음: 빽빽할 밀
- 뜻: 빽빽하다·비밀
- 쓰는 순서: 宀宀宀宓宓密密

- 음: 참 식
- 뜻: 진실로·이것
- 쓰는 순서: 宀宀宣宣宣宣寔

- 음: 말 물
- 뜻: 없다·아니다
- 쓰는 순서: ノクク勿

- 음: 편안할 녕
- 뜻: 편안하다·차라리
- 쓰는 순서: 宀宀宁宁宁寍寧

---

141. 俊乂密勿 (준예밀물) 뛰어난 사람과 어진 사람이 조정에 빽빽히 모여 들었다는 말.

㈜ 준(俊)은 1000사람 중에 뛰어난 사람을 말하며, 예(乂)는 100사람 중에 뛰어난 사람을 일컬음.

142. 多士寔寧 (다사식녕) 많은 인재들이 있어 나라는 진실로 편안하였다.

㈜ 많은 인재 즉 강태공·부열·이윤·주공·환공·상산 사호(商山四皓) 등 많은 준예(俊乂)가 나라를 부강시켜 나라는 태평스러웠고 백성은 편안하였다는 말.

음	진나라 진
뜻	진나라
쓰는 순서	一 爫 爫 푬 픞 픞 晉

음	초나라 초
뜻	초나라
쓰는 순서	一 ホ 林 林 埜 楚 楚

음	다시 갱 (고칠 경)
뜻	고치다·바꾸다·다시
쓰는 순서	一 广 戸 百 更 更

음	으뜸 패
뜻	으뜸·우두머리
쓰는 순서	广 雷 雷 覇 覇 覇

음	조나라 조
뜻	조나라
쓰는 순서	一 十 丰 走 走 赳 趙 趙

음	위나라 위
뜻	위나라
쓰는 순서	二 禾 委 委 魏 魏 魏

음	곤할 곤
뜻	곤하다·가난하다
쓰는 순서	丨 冂 冂 円 困 困 困

음	가로 횡
뜻	가로
쓰는 순서	一 ホ 朴 桔 横 横 横

143. 晉楚更霸(진초갱패) 진나라의 문공과 초나라의 장왕이 다시 패권을 잡았다.

주 제나라 환공 이후 진(晉)나라의 문공(文公)과 초(楚)나라의 장왕(莊王)이 다시 패권을 잡고 제후의 우두머리가 되어 어진 정치를 폈다는 고사.

144. 趙魏困橫(조위곤횡) 조나라와 위나라는 장의의 연횡책을 따른 까닭에 진나라로부터 많은 곤란을 받았다.

주 횡(橫)은 6국이 서로 손을 잡고 진(秦)나라에 대항하라는 장의(張儀)의 연횡설을 말함. ※ 반대는 소진(蘇秦)의 합종설(合從說).

음	빌(거짓) 가
뜻	거짓·빌리다
쓰는순서	亻亻伊作假

음	길 도
뜻	도중·길·앞일
쓰는순서	人쓰수수余余途

음	밟을 천
뜻	밟다·행하다
쓰는순서	口ァ甲正踐踐踐

음	흙 토
뜻	흙
쓰는순서	一十土

음	멸할 멸
뜻	멸망·없어지다
쓰는순서	氵氵沪沪涉滅滅

음	나라 괵
뜻	괵 나라
쓰는순서	尸쓰罕罕罩虢號

음	모을 회
뜻	모으다·기회
쓰는순서	人쓰슫슮會會會

음	맹세 맹
뜻	맹세
쓰는순서	丨日明明明盟盟

145. 假途滅虢 (가도멸괵) 길을 빌어 괵국을 멸망시키니 길을 빌려준 우국도 멸망 당하였다.

주 진(晉)의 헌공(獻公)이 괵국(虢國)을 치고자 우국(虞國)에게 길을 빌려달라 하여 괵국을 치고는 돌아오는 길에 우국도 멸망시켰다는 고사. ※입술이 없으면 이가 시리다는 이치를 몰랐음.

146. 踐土會盟 (천토회맹) 진나라의 문공이 천토에서 제후를 모아 서로 맹세하게 했다.

주 진(晉)의 문공(文公)이 주(周)나라의 양왕(襄王)을 천토(踐土)에 모시고 제후들을 모아 군사상의 일을 약속하는 맹세를 시킨 고사.

何
- 음: 어찌 하
- 뜻: 어찌·무엇·누구
- 쓰는 순서: ノ イ 亻 仃 何 何 何

遵
- 음: 지킬 준
- 뜻: 지키다·좇다
- 쓰는 순서: 八 产 芳 酋 尊 尊 遵

韓
- 음: 한나라 한
- 뜻: 한나라
- 쓰는 순서: 一 十 古 直 卓 韓 韓

弊
- 음: 폐단 폐
- 뜻: 폐단·나쁘다
- 쓰는 순서: ノ ㅛ 渁 淄 敝 敝 弊

約
- 음: 약속 약
- 뜻: 대략·약속·맹세
- 쓰는 순서: ㄠ ㄠ 幺 糸 糸 約 約

法
- 음: 법 법
- 뜻: 법·방법
- 쓰는 순서: 丶 冫 氵 汁 法 法 法

煩
- 음: 번거로울 번
- 뜻: 번거롭다·번민
- 쓰는 순서: ノ 火 炉 炉 炉 烦 煩

刑
- 음: 형벌 형
- 뜻: 형벌
- 쓰는 순서: 一 二 干 开 刑 刑

147. 何遵約法 (하준약법) 소하는 한나라 고조와 더불어 약법 삼장을 만들어 백성에게 지키게 하였다.

㈜ 한(漢)나라 고조 유방(劉邦)은 진(秦)나라를 멸망시킨 후 약법 삼장으로 나라를 다스릴 때, 정승 소하(蕭何)가 다시 九조목의 법을 만들어 이를 도왔다는 고사.

148. 韓弊煩刑 (한폐번형) 한비는 번거로운 형벌을 시행하다가 도리어 나라가 지쳤다.

㈜ 한(韓)의 공자(公子) 한비(韓非)는 진(秦)나라 시황제(始皇帝)를 도와 가혹한 형벌로 나라를 다스리다가 도리어 폐가 많아 나라가 지쳤다는 고사.

- 음: 일어날 기
- 뜻: 일어나다·시작하다
- 쓰는순서: 一 土 キ 丰 走 起 起 起

- 음: 쓸 용
- 뜻: 쓰다·쓰이다
- 쓰는순서: ノ 几 冂 月 用

- 음: 가위 전
- 뜻: 가위·베다
- 쓰는순서: 前 前 前 前 前 翦 翦

- 음: 군사 군
- 뜻: 군사
- 쓰는순서: 冖 冖 冝 宣 軍

- 음: 치우칠 파
- 뜻: 치우치다
- 쓰는순서: 丆 皮 皮 皮 頗 頗 頗

- 음: 가장 최
- 뜻: 가장·제일
- 쓰는순서: 日 早 旦 昜 最 最

- 음: 기를 목
- 뜻: 기르다·치다
- 쓰는순서: 丿 卜 牛 牛 牜 牧 牧

- 음: 정할 정
- 뜻: 정신·정성·정교하다
- 쓰는순서: 丷 ン 米 米 精 精 精

---

149. 起翦頗牧 (기전파목) 진나라의 백기·왕전과 조나라의 염파·이목은 모두가 뛰어난 명장이었다.

㈜ 진(秦)나라의 백기(白起)·왕전(王翦)과 조(趙)나라의 염파(廉頗)·이목(李牧)등은 명장이었다는 고사. ※ 특히 염파는 80이 넘어서도 용맹을 떨쳤음.

150. 用軍最精 (용군최정) 이 네 장수는 군사를 지휘하기를 가장 정교하고 능숙하게 하였다.

㈜ 이 네 장수는 군사상의 계략과 사병을 지휘하는 데 있어 가장 뛰어난 명장들이었다. ※ 상승 장군(常勝將軍).

宣
- 음 펼 선
- 뜻 베풀다·널리펴다
- 쓰는 순서 宀宀宀宣宣宣

威
- 음 위엄 위
- 뜻 위엄·힘
- 쓰는 순서 ノ厂厂厂厂威威

馳
- 음 달릴 치
- 뜻 달리다
- 쓰는 순서 丨ㄈ馬馬馬馬馳馳

譽
- 음 기릴 예
- 뜻 기리다·명예
- 쓰는 순서 ㄈ ㅌ 㫃 㫃 與 與 譽

沙
- 음 모래 사
- 뜻 모래
- 쓰는 순서 丶丶氵氵沙沙沙

漠
- 음 모래벌 막
- 뜻 사막·아득하다
- 쓰는 순서 氵氵氵氵淎漠漠

丹
- 음 붉을 단
- 뜻 붉다·정성
- 쓰는 순서 丿ㄇ刀丹

青
- 음 푸를 청
- 뜻 푸르다·젊다
- 쓰는 순서 一十ㄉ圭圭青青

151. 宣威沙漠 (선위사막) 이 장수들은 의젓하고 엄숙함이 북방 고비 사막의 오랑캐에까지 떨쳤다.

㊟ 장수들의 위세가 동서남북 멀리까지 떨쳤다는 말. ※ 오랑캐~동은 동이(東夷), 서는 서융(西戎), 남은 남만(南蠻), 북은 북적(北狄)

152. 馳譽丹青 (치예단청) 그들의 무공과 명예를 물감으로 색칠하여 단청을 만들어 후세에까지 전하게 하였다.

㊟ 한나라 선제(宣帝)는 11명의 공신을 기린각에, 후한나라 명제(明帝)는 32명의 공신을 남궁운대에 단청으로 그려, 명성은 말을 달리듯 후세에 전해졌음.

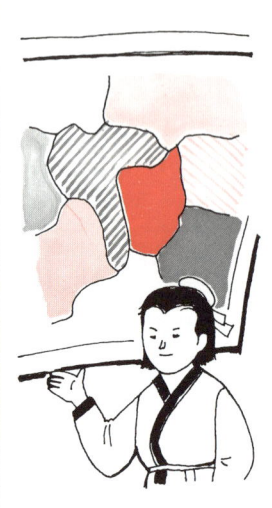
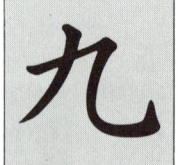

九
음 아홉 구
뜻 아홉
쓰는순서 ノ九

州
음 고을 주
뜻 고을・삼각주
쓰는순서 丶丿丬丬州州

百
음 일백 백
뜻 일백・많다는 뜻
쓰는순서 一丆丆百百百

郡
음 고을 군
뜻 고을
쓰는순서 フ彐尹尹君君郡郡

禹
음 임금 우
뜻 하우씨
쓰는순서 ノ𠂊𠂊𠂊𠂊禹禹

跡
음 자취 적
뜻 발자취
쓰는순서 丨口𧾷𧾷𧾷跡跡

秦
음 진나라 진
뜻 진나라
쓰는순서 一二三夫表表秦秦

幷
음 합할 병
뜻 합하다. 아우르다
쓰는순서 ﾉ丷㐄㐄㐄幷幷

153. 九州禹跡 (구주우적) 중국 천하를 9주로 나누어 정한 것은 하(夏) 나라 우(禹) 왕의 공적의 자취이다.

㊟ 우왕은 수토(水土)를 정비하여 중국을 기주・연주・청주・서주・양주・형주・예주・옹주의 9주로 나누어 다스렸음. ※ 양주(楊州・梁州).

154. 百郡秦幷 (백군진병) 진(秦)나라는 천하를 통일하여 전국을 100군으로 나누어 다스렸다.

㊟ 진의 시황제는 6국을 통일하여 전국을 100군으로 나누어 다스렸음. ※실은 103 군이나, 100이란 많다는 뜻을 나타내는 것임.

음 큰 산 **악**
뜻 큰산
쓰는순서 `丨丨丨丨丨犭犳獄`

宗
음 마루 **종**
뜻 으뜸·근본·종씨
쓰는순서 `宀宀宀宇宗宗`

恒
음 항상 **항**
뜻 항상·떳떳하다
쓰는순서 `丨忄忄忄恒恒`

岱
음 터 **대**
뜻 터·산이름
쓰는순서 `亻亻代代岱岱`

禪
음 고요할 **선**
뜻 고요하다·사양하다
쓰는순서 `丆禾禾禪禪禪`

主
음 주인 **주**
뜻 주인·우두머리
쓰는순서 `丶亠主主`

云
음 이를 **운**
뜻 이를·말할
쓰는순서 `一二云云`

亭
음 정자 **정**
뜻 정자
쓰는순서 `亠亠亠亭亭亭亭`

---

155. 嶽宗恒岱 (악종항대) 5악 중에서는 항상과 태산이 으뜸이라는 말.
㈜ 악(嶽)이란 5악을 말하는 것으로 태산(泰山)·화산(華山)·형산(衡山)·항산(恒山)·숭산(嵩山)이며, 대(岱)는 태산의 일명이다.

156. 禪主云亭 (선주운정) 봉선(흙을 쌓아 단을 만들고 하늘과 산천에 제사 지내는 것) 때는 운운산과 정정산을 가장 소중히 여겼다.
㈜ 왕이 건국 후 태산에서 천신(天神)께 제사를 드리고, 다음에는 운운산(云云山)과 정정산(亭亭山)에서 지신(地神)께 제사를 드려 고하였음.

157. 鴈門紫塞 (안문자새) 높은 봉우리로는 안문산이 있고 성으로는 만리 장성이 있다.

㈜ 산서성 북방에는 기러기가 봉우리를 날아다닌 안문산(鴈門山)이 있으며, 서쪽 감숙성에서 동쪽 산해관까지는 만리 장성(萬里長城=紫塞)이 있음.

158. 鷄田赤城 (계전적성) 명승지로는 돌이 붉은 적성이 있다.

㈜ 산서성 대동부 새방 밖에 계전(鷄田)이란 땅이 있고, 만리 장성 밖에는 붉은 돌의 적성(赤城)이 있음. ※ 명승지

昆
- 음: 곤
- 뜻: 맏·벌레
- 쓰는순서: 丨 冂 日 旦 昆 昆

池
- 음: 지
- 뜻: 못
- 쓰는순서: 丶 氵 氵 汈 池 池

鉅
- 음: 거
- 뜻: 크다·갈고리
- 쓰는순서: 丿 亠 牟 余 金 鉅 鉅

野
- 음: 야
- 뜻: 들
- 쓰는순서: 冂 甲 里 野 野 野

碣
- 음: 갈
- 뜻: 비석
- 쓰는순서: 一 厂 石 碣 碣 碣

石
- 음: 석
- 뜻: 돌·섬
- 쓰는순서: 一 厂 ナ 石 石

洞
- 음: 동
- 뜻: 골·마을
- 쓰는순서: 丶 氵 氵 汈 洞 洞 洞

庭
- 음: 정
- 뜻: 뜰·집안
- 쓰는순서: 亠 广 庐 庭 庭 庭 庭

159. 昆池碣石 (곤지갈석) 또 못으로는 곤지가 있고 산으로는 갈석이 있다.
   주 곤지(昆池)는 곤명지로서 한나라 무제(武帝)가 수군을 훈련시키기 위하여 장안 서남쪽에 판 못이며, 갈석(碣石)은 북방 동해 가에 우뚝 솟은 산을 말함.

160. 鉅野洞庭 (거야동정) 그리고 들로는 거야가 있고 호수로는 중국 제일의 동정호가 있다.
   주 거야(鉅野)는 산동성에 있는 광대한 들이고, 동정호(洞庭湖)는 호남성에 있는 중국 제일의 호수임. 즉 큰 못, 험한 산, 넓은 들, 깊은 호수 등을 들었음.

曠
- 음: 넓을 광
- 뜻: 넓다
- 쓰는 순서: 日 日⁻ 旷 晘 晘 曠 曠

巖
- 음: 바위 암
- 뜻: 바위
- 쓰는 순서: 一 ト 屮 岜 嚴 嚴 巖

遠
- 음: 멀 원
- 뜻: 멀다 · 깊다
- 쓰는 순서: 一 ㅗ 吉 吉 吉 袁 遠

岫
- 음: 멧부리 수
- 뜻: 멧부리 · 바위구멍
- 쓰는 순서: 丨 凵 山 山 山⁻ 岫 岫

綿
- 음: 연할(솜) 면
- 뜻: 잇달아 · 솜
- 쓰는 순서: 〈 幺 糸 糸 綿 綿 綿

杳
- 음: 깊을 묘
- 뜻: 깊다 · 아득하다
- 쓰는 순서: 一 十 木 木 杏 杳 杳

邈
- 음: 아득할 막
- 뜻: 아득하다 · 멀다
- 쓰는 순서: 〈 亇 豸 豸 貌 貌 邈

冥
- 음: 어두울 명
- 뜻: 어둡다 · 저승
- 쓰는 순서: 冖 冖 冖 冝 冝 冥 冥

---

161. 曠遠綿邈 (광원면막) 모든 산과 호수 벌판들이 멀리 이어져 아득하게 보인다.

주 면막(綿邈)은 멀리 보이는 모양. 험한 산, 넓은 들, 인공 못, 명 호수들이 수 없이 널려 있다는 말.

162. 巖岫杳冥 (암수묘명) 산과 골짜기 바위는 마치 동굴과도 같이 깊고 컴컴하다.

주 5악과 안문, 갈석과 적성 등 산악의 모습을 이름이니, 중국에는 명산 대천, 못과 호수 등이 기묘하다는 것을 나타내고 있음.

음	다스릴 치
뜻	다스리다·치료
쓰는 순서	丶丶氵氵治治治

음	근본 본
뜻	근본·책
쓰는 순서	一十才木本

음	힘쓸 무
뜻	힘쓰다·직무
쓰는 순서	丶了予矛矛矛務務

음	이 자
뜻	이·이에
쓰는 순서	丶丷艹兹兹兹

음	어조사 어
뜻	…에 …에서 …보다
쓰는 순서	一ブ方方於於於

음	농사 농
뜻	농사
쓰는 순서	丶曲曲曲農農農

음	심을 가
뜻	심다·일하다
쓰는 순서	二千禾秒秒稼稼

음	거둘 색
뜻	거두다·농사
쓰는 순서	二禾禾秆秆穡穡

163. 治本於農 (치본어농) 농사로써 나라 다스리는 근본으로 삼았다.

　주　옛날 중국에서는 먹고 입는 것이 가장 중요하였기에 씨 뿌리고 거두는 농본 정책을 나라 다스리는 기본 정책으로 삼았다.

164. 務玆稼穡 (무자가색) 봄에 심고 가을에 거두는 일에 힘썼다.

　주　곡식 창고가 가득 차 있어야 백성들이 예절을 안다고 하였음. 근본~입고 먹는 것. 의무~심고 거두는 것.

俶
- 음: 비로소 숙
- 뜻: 비로소・정돈
- 쓰는 순서: 亻仹伒俶俶

載
- 음: 일(실을) 재
- 뜻: 일하다・싣다
- 쓰는 순서: 一十吉壹載載載

我
- 음: 나 아
- 뜻: 나・우리
- 쓰는 순서: 一二千手我我我

藝
- 음: 재주(심을) 예
- 뜻: 재주・심다
- 쓰는 순서: 艹芝藝藝藝藝藝

南
- 음: 남녘 남
- 뜻: 남쪽
- 쓰는 순서: 一广内内南南南

畝
- 음: 밭이랑 묘
- 뜻: 밭이랑
- 쓰는 순서: 亠亩亩畝畝

黍
- 음: 기장 서
- 뜻: 기장
- 쓰는 순서: 二千禾禾黍黍黍

稷
- 음: 피 직
- 뜻: 피
- 쓰는 순서: 二禾禾稷稷稷稷

---

165. 俶載南畝 (숙재남묘) 봄이 되면 비로소 양지 바른 남쪽 밭에 나가 경작을 시작한다.

㈜ 묘(畝)는 주(周)나라의 제도임. 사방 6자를 보(步)라 하고 100보를 1묘라 하였음.

166. 我藝黍稷 (아예서직) 나는 힘을 다하여 기장과 피를 심으리라.

㈜ 아(我)는 농부를 가리킴. 새로 땅을 개간하여 기장과 피같은 곡식을 심어 농사 짓는 일에 부지런히 힘쓴다는 말.

- 음: 세낼 세
- 뜻: 세금
- 쓰는 순서: 二 千 禾 禾 秒 税 税

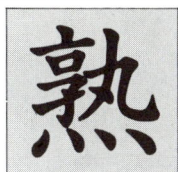
- 음: 익을 숙
- 뜻: 익다·성숙하다
- 쓰는 순서: 亠 享 享 孰 孰 孰 熟

- 음: 권할 권
- 뜻: 권하다
- 쓰는 순서: 艹 苔 芦 芦 藿 藋 勸

- 음: 상줄 상
- 뜻: 상·칭찬하다
- 쓰는 순서: 丷 半 学 常 賞 賞

- 음: 바칠 공
- 뜻: 바치다·공물
- 쓰는 순서: 一 工 干 干 青 貢 貢

- 음: 새 신
- 뜻: 새로운 것
- 쓰는 순서: 亠 立 产 辛 亲 新 新

- 음: 물리칠 출
- 뜻: 물리치다·내치다
- 쓰는 순서: 口 日 黒 黒 黑 黜 黜

- 음: 오를 척
- 뜻: 오르다·나아가다
- 쓰는 순서: 了 阝 阝 阷 阷 陟 陟

167. 稅熟貢新 (세숙공신) 곡식이 익으면 세금을 내고 신곡으로 종묘에 제사를 올린다.

㊟ 세(稅)는 조세(租稅)를 뜻하며, 신(新)은 신곡을 이름. 납세 정신과 보은 감사 정신을 강조한 글.

168. 勸賞黜陟 (권상출척) 농사를 잘 지은 사람은 나라에서 상을 주고 게을러 잘못한 자는 내쫓는다.

㊟ 농부나 벼슬아치나 다 같이 3년 동안 그 성적을 조사하여 잘한 사람은 승진 또는 상을 주고, 잘못한 자는 내쫓아 농사짓기의 소중함을 알렸음.

- 음: 맏 맹
- 뜻: 맏·첫
- 쓰는순서: 了子子孟孟孟孟

- 음: 때 못만날 가
- 뜻: 때를 못 만나다
- 쓰는순서: 一 亓 百 車 軒 軒 軻

- 음: 사기 사
- 뜻: 사기·역사
- 쓰는순서: 丨 口 口 史 史

- 음: 물고기 어
- 뜻: 물고기
- 쓰는순서: 丿 ク 夕 冬 斉 魚 魚 魚

- 음: 도타울 돈
- 뜻: 도탑다
- 쓰는순서: 亠 古 古 亨 享 敦 敦

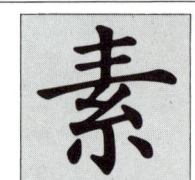
- 음: 바탕 소
- 뜻: 바탕·소박·평소
- 쓰는순서: 二 主 声 表 素 素

- 음: 잡을 병
- 뜻: 잡다
- 쓰는순서: 一 二 三 三 乒 乓 秉

- 음: 곧을 직
- 뜻: 곧다·바르다
- 쓰는순서: 一 十 十 十 有 直 直

169. 孟軻敦素 (맹가돈소) 현인〈어진 사람〉맹자는 두텁고 소박하였다.
주 맹자(孟子)는 이름이 가(軻)이며 노(魯)나라의 양반인 맹손(孟孫)씨의 자손으로 공자의 제자인 자사(子思)에게 배웠으며, 성선설(性善說)을 주장하였음.

170. 史魚秉直 (사어병직) 사어는 그 성격이 곧고 강직하였다.
주 사어(史魚)는 위(衛)나라 대부이며 이름은 유(鰌)이다. 그는 사관(史官)으로 매우 정직하고 올바르며 어떤 일에도 곧은 것을 잃지 않았음.

庶	 음 무리 서 뜻 여러·무리 쓰는순서 广广庐庐庶庶庶		勞  음 수고로울 로 뜻 수고하다·일하다 쓰는순서 ⺌⺌⺜⺣⺥⺦勞
幾	 음 몇 기 뜻 몇·얼마·기미 쓰는순서 幺 幺幺 丝丝 幾幾		謙  음 겸손할 겸 뜻 겸손하다 쓰는순서 言 訁 訁 䜎 謙 謙
中	 음 가운데 중 뜻 가운데·속·사이 쓰는순서 丨 冂 口 中		謹  음 삼갈 근 뜻 삼가하다·공경하다 쓰는순서 言 訁 訁 䜐 謹 謹
庸	 음 떳떳할 용 뜻 떳떳하다·어리석다 쓰는순서 广庐庐庐庸庸		勅  음 신칙할 칙 뜻 신칙하다·경계하다 쓰는순서 一 口 曰 束 束 勅

171. 庶幾中庸 (서기중용) 그러하니 마음 속에 중용을 두고 거기에 가까와지기를 바라야 한다.

주 중용(中庸)은 넘치지도 않고 모자라지도 않으며 기울어지지도 않는 것을 말함. 즉 소박하고 정직하며 부지런하고 거만하지 말아야 한다.

172. 勞謙謹勅 (노겸근칙) 그러자면 근로하고 겸손하며 삼가하고 자기 몸을 경계하고 바로잡아야 한다.

주 근로하고 겸손한 군자에게 길이 있으니 이것이 중용이다. 그러기 때문에 더욱 삼가하고 자기 몸을 타일러 언제나 바로 잡는 데 힘써야 함.

聆
- 음: 들을 령
- 뜻: 듣다
- 쓰는 순서: 一丆丆F耳耳耹聆

鑑
- 음: 볼 감
- 뜻: 보다·살피다·거울
- 쓰는 순서: ^ 亽 金 鈩 鉅 鑑鑑

音
- 음: 소리 음
- 뜻: 소리·음악
- 쓰는 순서: 亠 立 产 产 音音

貌
- 음: 모양 모
- 뜻: 모양·거동
- 쓰는 순서: 丿 丶 豸 豸 豹 豹貌

察
- 음: 살필 찰
- 뜻: 살피다·상고하다
- 쓰는 순서: 宀 宀 宀 宑 察察察

辨
- 음: 판단할 변
- 뜻: 판단하다·가리다
- 쓰는 순서: 亠 立 辛 判 辨 辨辨

理
- 음: 이치 리
- 뜻: 이치·도리
- 쓰는 순서: 一 T 珇 玾 理理理

色
- 음: 낯(빛) 색
- 뜻: 빛·색·낯
- 쓰는 순서: 丿 ⺈ 刍 刍 色色

---

173. 聆音察理 (영음찰리) 목소리를 듣고서도 마음 속의 생각을 살핀다는 말.
> 주 선비는 남의 말을 듣는 데 있어 그 음성만 듣고도 사람의 생각하는 바를 깨달아야 한다. 즉 이치에 맞는지 아닌지를 살펴야 하기 때문이다.

174. 鑑貌辨色 (감모변색) 용모와 얼굴색을 보고 그 마음 속을 밝히어 짐작한다는 말.
> 주 군자는 희·노·애·락·애·오·욕의 七정을 잘 표현하기 위해 항상 말을 조심하고 용모를 단정히 하여 과실이 없도록 노력하여야 함.

- 음: 끼칠 이
- 뜻: 끼치다・남기다
- 쓰는 순서: 丨冂冃目貝貯貽貽

- 음: 그 궐
- 뜻: 그・그것
- 쓰는 순서: 一厂厂厂严严厥

嘉

- 음: 아름다울 가
- 뜻: 아름답다・좋다
- 쓰는 순서: 一吉吉喜嘉嘉

猷

- 음: 꾀 유
- 뜻: 꾀・계책
- 쓰는 순서: 丷⺍酋酋猷猷

勉

- 음: 힘쓸 면
- 뜻: 힘쓰다・부지런하다
- 쓰는 순서: ⺈⺈召免免勉

其

- 음: 그 기
- 뜻: 그・어조사
- 쓰는 순서: 一十卄甘其其其

祗

- 음: 공경할 지
- 뜻: 공경하다・삼가다
- 쓰는 순서: 丶亠ネ祀祗祗

植

- 음: 심을 식
- 뜻: 심다・식물
- 쓰는 순서: 一十才木木植植

---

175. 貽厥嘉猷 (이궐가유) 군자는 착하고 아름다운 것을 후세까지 남길 것이오.

㊅ 가유(嘉猷)는 무슨 일에든지 그 일에 마땅한 방법을 얻는 생각 즉 좋은 계획을 말함. 유(猷)는 나라 다스리는 좋은 꾀.

176. 勉其祗植 (면기지식) 그 올바른 도를 공경하여 자기 몸에 심어주도록 힘써야 한다.

㊅ 지식(祗植)이란 삼가해서 착한 행동을 자기 몸에 배도록 하는 것임. 즉 항상 과실이 없도록 조심하고 덕을 갖추도록 힘써야 한다는 뜻.

- 음: 살필 성
- 뜻: 살피다 · 보다
- 쓰는순서: 丿 ㇒ 小 少 省 省 省

- 음: 몸 궁
- 뜻: 몸 · 몸소
- 쓰는순서: 丨 冂 冖 身 身 身 躬

- 음: 나무랄 기
- 뜻: 나무라다 · 헐뜯다
- 쓰는순서: 二 言 訁 訁 訁 訁 譏 譏

- 음: 경계할 계
- 뜻: 경계하다 · 훈계하다
- 쓰는순서: 二 言 言 訐 訐 誡 誡

- 음: 사랑할 총
- 뜻: 사랑하다 · 귀여워하다
- 쓰는순서: 宀 宀 宔 宔 竉 寵 寵

- 음: 더할 증
- 뜻: 더하다 · 많아지다
- 쓰는순서: 一 士 圹 圹 增 增 增

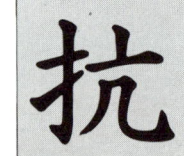
- 음: 겨룰 항
- 뜻: 겨루다 · 대항하다
- 쓰는순서: 一 十 扌 扩 抗 抗

- 음: 지극할 극
- 뜻: 지극하다 · 끝
- 쓰는순서: 一 木 杞 枢 極 極 極

177. 省躬譏誡 (성궁기계) 자기 몸을 살펴 나무라거나 경계함이 있을까 조심하고 반성한다.

주 군자는 교만한 데 이르지 말아야 하고, 나라로부터 받는 녹은 사치하는 데 이르지 말도록 스스로를 경계해야 함.

178. 寵增抗極 (총증항극) 임금의 사랑이 더할수록 교만하지 말고 지극함을 다하라는 말.

주 항(抗)이란 결국 잘난 체 한다, 즉 교만해진다는 말. 극(極)은 대들보 즉 지극함을 뜻함. 총(寵)이란 상관으로부터 귀여움과 사랑을 받는 것임.

음: 위태할 태
뜻: 위태하다·거의
쓰는순서: 一ㄓ万歹殆殆殆

음: 수풀 림
뜻: 수풀
쓰는순서: 一十才木村材林

음: 욕될 욕
뜻: 욕·욕되다
쓰는순서: 一厂戸戸辰辱

음: 언덕 고
뜻: 언덕·못·늪
쓰는순서: ′ ㄅ白白皐皐皐

음: 가까울 근
뜻: 가깝다
쓰는순서: ′ ㄏ ㄏ 斤 斤 近 近

음: 다행할 행
뜻: 다행·행복
쓰는순서: 一十土去去幸幸

음: 부끄러울 치
뜻: 부끄럽다
쓰는순서: 一丁FF耳耶耻恥

음: 곧 즉
뜻: 곧·즉·이제
쓰는순서: ㄱ ㄣ ㅋ 艮 艮 即 即

179. 殆辱近恥 (태욕근치) 위태롭고 욕된 일을 하면 부끄러움이 몸에 가까와 진다.

주 벼슬이 높아질수록 위로부터는 혐의를 받기 쉽고 아래로부터는 미움을 받기 쉽기 때문에 부끄러움을 아는 사람이 되어야 한다는 말.

180. 林皐幸即 (임고행즉) 부끄럽고 욕된 일이 가까이 오면 곧 수풀에 가서 살아가는 것이 행복하리라.

주 권세라는 것은 때로는 자기 몸에 재앙을 불러오게 할 수도 있으니 그 기미를 사전에 알면 미련없이 벼슬에서 물러설 수 있는 사람이 되어야 한다는 말.

음	둘 량
뜻	둘·짝
쓰는 순서	一 丁 亓 币 兩 兩

음	풀 해
뜻	풀다·흩어지다
쓰는 순서	⺈ 乃 角 角 解 解

음	드물 소
뜻	드물다
쓰는 순서	了 正 疋 疋 疏 疏

음	꾸밀(만들) 조
뜻	꾸미다·끈
쓰는 순서	⺄ 幺 糸 糹 紀 組 組

음	볼 견
뜻	보다·의견·견문
쓰는 순서	丨 冂 冂 日 目 見

음	누구 수
뜻	누구
쓰는 순서	三 言 訁 訒 誰 誰

음	베틀 기
뜻	베틀·기계·때
쓰는 순서	一 木 朾 朾 柊 機 機

음	핍박할 핍
뜻	핍박하다
쓰는 순서	一 厂 尸 戸 畐 畐 逼

181. **兩疏見機** (양소견기) 소광과 소수는 때를 보아 고향으로 돌아갔다는 말.

㈜ 소광(疏廣)은 한나라 성제(成帝) 때 태자의 태부(太傅) 벼슬에 있었고, 소수(疏受)는 소부(少傅)의 벼슬에 있었으며 소광의 조카였음. 이 두 분은 적당한 때에 천자의 만류도 뿌리치고 물러갔기 때문에 끝까지 부귀를 누릴 수 있었다.

182. **解組誰逼** (해조수핍) 인끈을 풀어 놓고 떠나가니 누가 나를 핍박하리오."

㈜ 해조(解組)란 벼슬 이름을 새긴 도장에 달린 끈을 허리에서 풀어 놓는다는 말이니 즉 벼슬을 사직한다는 말.

索
- 음: 찾을 색
- 뜻: 찾다·동아줄
- 쓰는 순서: 一十十古古南索索

居
- 음: 살 거
- 뜻: 살다·있다
- 쓰는 순서: 一フ尸尸居居居

閑
- 음: 한가할 한
- 뜻: 한가하다
- 쓰는 순서: 丨冂冂門門閑閑

處
- 음: 곳 처
- 뜻: 곳·처리하다
- 쓰는 순서: 卜广卢虍虎處處

沈
- 음: 잠길 침
- 뜻: 잠기다
- 쓰는 순서: 丶冫冫汅沈沈

黙
- 음: 잠잠할 묵
- 뜻: 말이 없다
- 쓰는 순서: 口甲里黑黑黙黙

寂
- 음: 고요할 적
- 뜻: 고요하다·쓸쓸하다
- 쓰는 순서: 宀宀宀宗寂寂寂

寥
- 음: 쓸쓸할 료
- 뜻: 쓸쓸하다
- 쓰는 순서: 宀宀宓宨寥寥寥

183. **索居閑處**(색거한처) 퇴직하여 한가한 곳에 가서 살면서 세상을 보낸다.

주 소광·소수 형제는 '이만하면 더 바랄 것이 없다고 생각할 수 있으면 욕보지 않는다.' '그칠 곳을 알면 위태하지 않다'는 가르침을 알기 때문에 알맞을 때에 사직하니 오래오래 영화를 누렸음.

184. **沈黙寂寥**(침묵적료) 고향으로 돌아와 조용히 지내니 아무 일도 없고 고요하기만 하다.

주 두 형제가 금의 환향(출세를 하고 고향에 돌아옴)하여 조용히 사니, 무고도 없고 명예에 오손도 없으며 하늘이 준 부귀 영화를 마음껏 누렸다는 말. ※ 녹봉~2,000석

- 음: 구할 **구**
- 뜻: 구하다·탐내다
- 쓰는 순서: 一十十才求求求

- 음: 예 **고**
- 뜻: 예·옛날
- 쓰는 순서: 一十十古古

- 음: 흩어질 **산**
- 뜻: 흩어지다
- 쓰는 순서: 一艹艹苎苩背散

- 음: 생각 **려**
- 뜻: 생각하다·염려하다
- 쓰는 순서: 一广卢庐庐慮

- 음: 찾을 **심**
- 뜻: 찾다·보통
- 쓰는 순서: ㄱㅋㅋ큐큐尋尋

- 음: 의논할 **론**
- 뜻: 의논하다
- 쓰는 순서: 言言計許諭論論

- 음: 노닐 **소**
- 뜻: 노닐다·거닐다
- 쓰는 순서: 丨丬斗肖肖消逍

- 음: 노닐 **요**
- 뜻: 노닐다·걷다
- 쓰는 순서: 丿夕夕乎乎番遙

---

185. 求古尋論(구고심론) 옛 성인 군자의 글을 구하여 읽고 배우며 그 도를 찾아 묻는다는 말.

㈜ 고(古)는 열 사람의 입이니 여러 해를 지난 과거를 뜻함. 논(論)은 지극히 마땅한 도리를 말하는 의논을 뜻함.

186. 散慮逍遙(산려소요) 세상의 모든 생각을 흩어 잊어 버리고 자연 속에 평화로이 놀며 즐긴다.

㈜ 한가한 속에서도 스스로 마음을 달래며 욕심없이 물러나 조용히 사니 정말 평화롭고 즐겁다는 말.

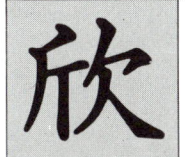

- 음: 기쁠 흔
- 뜻: 기뻐하다
- 쓰는 순서: 丆 丆 斤 斤 欣 欣

- 음: 슬플 척
- 뜻: 슬픔·근심
- 쓰는 순서: 丿 厂 厂 戚 戚 戚 感

- 음: 아뢸 주
- 뜻: 아뢰다·여쭈다
- 쓰는 순서: 一 三 声 夫 奏 奏 奏

- 음: 사죄할 사
- 뜻: 사례·사죄
- 쓰는 순서: 言 訃 訃 謝 謝 謝

- 음: 더럽힐 루
- 뜻: 더럽히다·거듭
- 쓰는 순서: 口 田 田 里 累 累

- 음: 기뻐할 환
- 뜻: 기쁨·즐기다
- 쓰는 순서: 艹 荁 荁 歡 歡 歡

- 음: 보낼 견
- 뜻: 보내다
- 쓰는 순서: 口 中 串 串 書 遣

- 음: 부를 초
- 뜻: 불러오다
- 쓰는 순서: 一 十 扌 扣 招 招 招

---

187. 欣奏累遣 (흔주누견) 기쁜 것은 아뢰고 더러운 것은 보낸다.

㈜ 그렇게 하면 세상의 번거로움은 사라진다. 즉 '그칠 곳을 알면 만족할 줄 알며, 만족할 줄 아는 계획을 세우면 욕되고 위태로운 누를 면할 수 있다'는 말.

188. 感謝歡招 (척사환초) 슬픈 것은 사례하여 없어지고 즐거움은 부르듯이 온다는 말.

㈜ 이렇게 하면 밖의 번거로움을 모두 쫓아버리고 슬픈 마음은 없어져 자연히 기쁨의 정만을 불러오게 된다는 말.

渠
음 개천 거
뜻 개천·크다
쓰는순서 氵氵沪泟洰渠渠

園
음 동산 원
뜻 동산·뜰·능
쓰는순서 門門周周園園園

荷
음 연꽃 하
뜻 연·짐
쓰는순서 艹艹芢荷荷荷

莽
음 풀 우거질 망
뜻 풀이 우거지다
쓰는순서 艹艹芇芺莽莽莽

的
음 적실할 적
뜻 과녁·접미사
쓰는순서 ′ ′ 白 白 白 的 的

抽
음 빼낼 추
뜻 빼다·뽑다
쓰는순서 一 十 扌 扣 抽 抽 抽

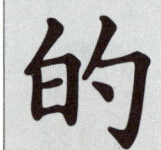

歷
음 지낼 력
뜻 지내다·분명하다
쓰는순서 一 厂 厤 麻 歷 歷 歷

條
음 가지 조
뜻 가지·조목
쓰는순서 ′ 亻 亻 攸 攸 條 條

---

189. 渠荷的歷 (거하적력) 개천의 연꽃은 또렷이 빛나 아름답다.

㊟ 고향에 돌아와 조용히 사는 사람의 모습이 마치 연꽃이 싱싱하여 아름다우며 향기 또한 그윽한 풍경과도 같다는 말.

190. 園莽抽條 (원망추조) 동산에 우거진 풀들은 가지를 높이 뻗고 있다.

㊟ 봄·여름의 풀과 꽃이 핀 유서(그윽한 곳)의 동산 속 산수(산천의 경치)의 풍경을 말한 것임.

枇
- 음: 비파나무 비
- 뜻: 비파나무
- 쓰는순서: 一 十 木 木 朴 朴 枇

杷
- 음: 비파나무 파
- 뜻: 비파나무·써레
- 쓰는순서: 一 十 木 木 朾 朾 杷

梧
- 음: 오동 오
- 뜻: 오동나무
- 쓰는순서: 一 十 木 杧 栢 梧 梧

桐
- 음: 오동 동
- 뜻: 오동나무
- 쓰는순서: 一 十 木 机 机 桐 桐

晚
- 음: 늦을 만
- 뜻: 늦다·저물다
- 쓰는순서: 丨 日 日' 晚 晚 晚 晚

翠
- 음: 푸를 취
- 뜻: 푸르다·비취·물총새
- 쓰는순서: 丆 引 羽 羽 翠 翠 翠

早
- 음: 이를 조
- 뜻: 일찍·이르다
- 쓰는순서: 丨 冂 日 旦 므 早

凋
- 음: 시들 조
- 뜻: 시들다·새기다
- 쓰는순서: 冫 冫' 汀 汋 凋 凋 凋

---

191. 枇杷晚翠(비파만취) 비파나무는 늦은 겨울에도 푸른 빛이 변치 않는다.
  주 눈이 오는 겨울에도 푸른 빛이 변치 않는 비파나무·소나무·대나무·측백나무 등이 있는가 하면 늦가을이 되면 벌써 단풍이 들어 잎이 떨어지는 낙엽수도 있음.
  ※ 상록수와 낙엽수

192. 梧桐早凋(오동조조) 가을철만 되어도 오동나무 잎은 벌써 말라 시들어 버린다.
  주 위의 상록수에 비하여 가을철만 되어도 벌써 단풍이 들어 잎이 떨어져 앙상한 가지만 남은 갈잎나무 종류도 있다는 말. ※ 즉 원림(園林)의 경치를 나타냄.

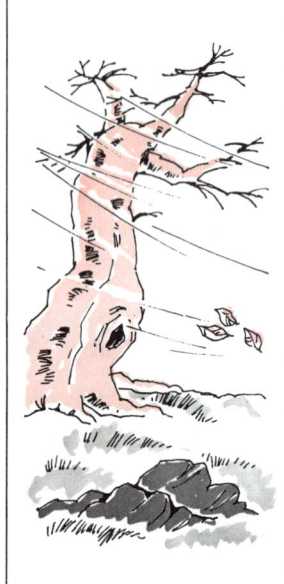

| 음 | 베풀 (묵을) 진 |
| 뜻 | 베풀다·묵다·진술 |

| 음 | 뿌리 근 |
| 뜻 | 뿌리·근본 |

| 음 | 떨어질 락 |
| 뜻 | 떨어지다 |

| 음 | 잎사귀 엽 |
| 뜻 | 잎 |

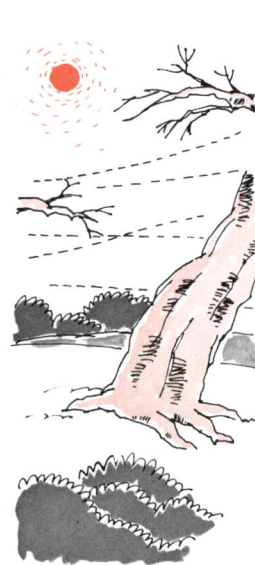

| 음 | 맡길 (시들) 위 |
| 뜻 | 맡기다·시들다 |

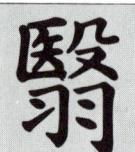

| 음 | 가릴 예 |
| 뜻 | 가리다·말라죽다 |

| 음 | 나부낄 표 |
| 뜻 | 나붓끼다·회오리바람 |

| 음 | 나부낄 요 |
| 뜻 | 나붓끼다 |

193. 陳根委翳 (진근위예) 묵은 고목의 뿌리는 시들어 말라 죽는다.
　㈜ 가을철과 겨울철이 되면 묵은 뿌리와 마른 나무들은 시들어 말라 아무렇게나 버려져 있다는 말. ※ 원림(園林)의 거친 풍경을 뜻함.

194. 落葉飄䬃 (낙엽표요) 떨어진 나무잎들은 바람에 펄펄 나붓낀다.
　㈜ 낙엽들은 바람에 날려 어지러이 나붓끼는 풍경을 나타내니 대자연의 법칙속에 1년 四철이 바뀌어가는 모습을 담은 글.

遊
- 음: 놀 유
- 뜻: 놀다·떠돌다
- 쓰는 순서: 亠 方 方 斿 斿 遊 遊

鵾
- 음: 곤새 곤
- 뜻: 곤새
- 쓰는 순서: 丨 口 日 且 昆 鵾 鵾

獨
- 음: 홀로 독
- 뜻: 홀로·외롭다
- 쓰는 순서: 丿 犭 猸 狷 獨 獨 獨

運
- 음: 운전할 운
- 뜻: 운전·옮기다·운수
- 쓰는 순서: 冖 冃 冒 宣 軍 軍 運

凌
- 음: 업신여길 릉
- 뜻: 업신여기다·능가하다
- 쓰는 순서: 冫 冫 浐 冼 浐 浐 凌

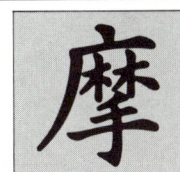
摩
- 음: 닦을 마
- 뜻: 닦다·문지르다
- 쓰는 순서: 亠 广 庐 麻 麾 摩

絳
- 음: 붉을 강
- 뜻: 짙게붉다·진홍색
- 쓰는 순서: 幺 糸 紅 紋 終 終 絳

霄
- 음: 하늘 소
- 뜻: 하늘·진눈깨비
- 쓰는 순서: 亠 雨 雨 雨 雪 霄 霄

195. 遊鵾獨運(유곤독운) 곤어는 아주 큰 고기라서 홀로 헤엄치며 논다.
㈜ 곤어(鵾魚)는 곤새를 말하며 어릴 때는 북해에 산다고 하며 크기는 이루 말로 할 수 없을만큼 대단하여 본 사람이 없는 상상의 새이다.

196. 凌摩絳霄(능마강소) 곤어가 자라면 붕새(곤새)로 변하여 붉은 하늘을 마음대로 날아다닌다.
㈜ 곤어가 변한 붕새는 봉황의 한 종류로 상서로운 새로 여기는 상상의 새이다. 강소(絳霄)는 아침의 붉은 동쪽 하늘임.

음	즐길 **탐**
뜻	즐기다·빠지다
쓰는순서	一 厂 F 耳 耳 耽 耽

耽

讀

음	읽을 **독**
뜻	읽다·귀절
쓰는순서	亠 言 言 計 詰 請 讀 讀

翫

음	가지고 놀 **완**
뜻	장난감·즐기다·구경
쓰는순서	丨 冊 習 習 習 翫

市

음	저자 **시**
뜻	저자·시가
쓰는순서	亠 宀 市 市

寓

음	붙여살 **우**
뜻	붙여살다·붙이다
쓰는순서	宀 宇 宇 宇 寓 寓 寓

目

음	눈 **목**
뜻	눈·보다·제목
쓰는순서	丨 冂 冃 目 目

囊

음	주머니 **낭**
뜻	주머니·자루
쓰는순서	一 口 申 臺 囊 囊 囊

箱

음	상자 **상**
뜻	상자
쓰는순서	丿 广 竹 竹 竺 箱 箱

197. 耽讀翫市 (탐독완시) 왕충은 글 읽기를 즐겨하여 항상 저자에 나가서 책을 즐겨하였다.

주 후한(後漢) 때의 왕충(王充)은 어찌나 글 읽기를 좋아하였는지 낙양(洛陽) 저자에 있는 서점에까지 가서 책을 즐겨 읽었다는 말.

198. 寓目囊箱 (우목낭상) 글을 눈으로 한 번 보면 잊지 않아 글을 주머니와 상자에 넣어둠과 같다고 함.

주 왕충은 집이 가난하여 책을 마음대로 살 수 없어, 언제나 서점에 가면 눈으로 한 번 보고 외어버리기 때문에 글을 주머니와 상자에 넣어둠과 같다고 하였음.

易
- 음: 쉬울 이
- 뜻: 쉽다·바꾸다
- 쓰는순서: ノ冂日月月易易

輶
- 음: 가벼울 유
- 뜻: 가볍다
- 쓰는순서: 一亓車車斬輶輶

屬
- 음: 붙일 속
- 뜻: 붙이다·잇다
- 쓰는순서: 一尸尸屄屬屬屬

耳
- 음: 귀 이
- 뜻: 귀·…뿐
- 쓰는순서: 一丁下FE耳

攸
- 음: 어조사 유
- 뜻: …바·아득한 모양
- 쓰는순서: ノイ亻ᄼ攸攸

畏
- 음: 두려울 외
- 뜻: 두려워하다
- 쓰는순서: 一冂田甲男畏畏

垣
- 음: 담 원
- 뜻: 담
- 쓰는순서: 一十土圢坥垣垣

墻
- 음: 담 장
- 뜻: 담
- 쓰는순서: 一十圵圽墻墻墻

199. 易輶攸畏(이유유외) 군자는 쉽고 가벼우며 아무렇지도 않을 것 같은 일을 두려워해야 한다.

주 모든 일을 가볍게 여기거나 업신여기는 것 또 신중을 기하지 않는 것은 군자로서 삼가해야 할 일이다라는 뜻. ※ 덕이 털같이 가벼우면 올바른 일을 하지 못한다.

200. 屬耳垣墻(속이원장) 말을 할 때에는 남이 담에 귀를 대고 듣고 있는 것처럼 여기라는 말.

주 '벽에도 귀가 있다' '가는 말이 고와야 오는 말이 곱다'는 속담처럼 군자는 언제나 말을 함부로 경솔하게 하지 말라는 뜻.

- 음: 갖출 구
- 뜻: 갖추다 · 연장
- 쓰는 순서: 丨 冂 冂 目 目 具 具

- 음: 반찬 선
- 뜻: 반찬 · 선물
- 쓰는 순서: 刀 月 ⺼ 胖 胖 膳 膳 膳

- 음: 맞을 적
- 뜻: 맞다 · 마땅하다
- 쓰는 순서: 亠 齐 商 商 啇 適 適

- 음: 입 구
- 뜻: 입 · 어귀
- 쓰는 순서: 丨 冂 口

- 음: 저녁밥 손
- 뜻: 저녁밥 · 먹다
- 쓰는 순서: 一 歹 歹 歹 殏 飧 飧

- 음: 밥 반
- 뜻: 밥
- 쓰는 순서: 人 今 今 食 食 飣 飯

- 음: 채울 충
- 뜻: 채우다 · 가득하다
- 쓰는 순서: 亠 亡 去 太 充

- 음: 창자 장
- 뜻: 창자
- 쓰는 순서: 刀 月 胛 胛 腭 腸 腸

201. **具膳飧飯**(구선손반) 반찬을 갖추어 밥을 먹다.
  ㈜ 선(膳)이란 요리한 음식을 여러 가지 갖춘 것을 말함. 예의에 어긋나는 식사를 해서는 안 된다는 말. ※ 식사 예절.

202. **適口充腸**(적구충장) 입에 맞아 배를 채우면 된다.
  ㈜ 식사때의 주의할 사항. ① 지나치게 맛있는 것을 좋아하거나 ② 욕심을 부려 양을 너무 많이 먹거나 ③ 편식을 해서는 안된다.

飽
- 음: 배부를 포
- 뜻: 배부르다
- 쓰는 순서: 〃〆今食飣飹飽

飢
- 음: 굶을 기
- 뜻: 주리다·굶다
- 쓰는 순서: 〃〆今食飢飢

飫
- 음: 먹기싫을(배부를)어
- 뜻: 먹기싫다·배부르다
- 쓰는 순서: 〃〆今食飢飫飫

厭
- 음: 만족할(싫을)염
- 뜻: 만족하다·싫다·누르다
- 쓰는 순서: 厂厂戶戹戹厭厭

烹
- 음: 삶을 팽
- 뜻: 삶다·달이다
- 쓰는 순서: 亠亡古亨亨烹烹

糟
- 음: 재강 조
- 뜻: 지게미
- 쓰는 순서: 丶米米粒糟糟糟

宰
- 음: 다스릴(재상)재
- 뜻: 다스리다·재상
- 쓰는 순서: 宀宁宇宰宰宰

糠
- 음: 겨 강
- 뜻: 겨
- 쓰는 순서: 丶半米米粎粎糠

203. 飽飫烹宰 (포어팽재) 배가 부르면 좋은 음식도 먹기 싫다는 말.
  주 팽재(烹宰)란 음식을 맛있게 요리한 것. '배부르면 그만이다'라는 속담처럼 배가 부르면 맛도 분간키 어렵고 먹기도 싫다는 말.

204. 飢厭糟糠 (기염조강) 반대로 배가 고프면 지게미나 쌀겨도 맛이 있어 만족하다는 말.
  주 '시장이 반찬이다'라는 속담처럼 먹을 것이 없어 주렸을 때는 술지게미나 쌀겨같은 먹지 못할 변변치 못한 것이라도 꿀맛같이 맛이 있다는 뜻.

親
- 음: 친할 (일가) 친
- 뜻: 친하다·어버이·일가
- 쓰는 순서: 亠 亣 亲 亲 新 親 親

老
- 음: 늙을 로
- 뜻: 늙다·노인
- 쓰는 순서: 一 十 土 耂 耂 老

戚
- 음: 겨레 척
- 뜻: 겨레·친척
- 쓰는 순서: 一 厂 戶 戚 戚 戚

少
- 음: 젊을 소
- 뜻: 젊다·적다
- 쓰는 순서: 丨 小 小 少

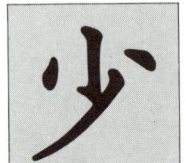

故
- 음: 연고 고
- 뜻: 연고·옛·죽음
- 쓰는 순서: 一 十 古 古 扗 故 故

異
- 음: 다를 이
- 뜻: 다르다·이상하다
- 쓰는 순서: 丨 口 田 甲 里 畢 異

舊
- 음: 옛 (친구) 구
- 뜻: 옛·친구
- 쓰는 순서: 艹 艾 芢 芢 萑 蕉 舊

糧
- 음: 양식 량
- 뜻: 양식·먹이
- 쓰는 순서: 丷 米 料 粡 糧 糧

---

205. 親戚故舊 (친척고구) 친척(일가·외가·처가 등)이나 옛 친구들을 대접할 때는.

주 친(親)은 동성간의 일가를 말하며, 척(戚)은 이성간의 핏줄을 말하며, 고구(故舊)는 옛 친구를 가리킨다. ※ 부당(친척), 모당(외족), 처당(처족).

206. 老少異糧 (노소이량) 늙은이와 젊은이의 대접하는 음식을 달리 해야한다.

주 노인의 음식은 연하고 양분이 많은 것이라야 하며, 60세에는 자주 고기를 먹게하고, 70세에는 두 가지 이상 반찬을, 80세에는 진귀한 음식을, 90세에는 음식이 항상 자리에 있어야 함.

- 음: 첩 **첩**
- 뜻: 첩 (여자)
- 쓰는 순서: 丶亠亣立产妾妾

- 음: 모실 **어**
- 뜻: 모시다·거느리다
- 쓰는 순서: 彳彳彳徂徂徉御

- 음: 모실 **시**
- 뜻: 모시다·받들다
- 쓰는 순서: 亻亻亻亻侍侍侍

- 음: 수건 **건**
- 뜻: 수건·두건
- 쓰는 순서: 丨冂巾

- 음: 길쌈 **적**
- 뜻: 길쌈·잇다
- 쓰는 순서: 幺糸糸'糸'績績績

- 음: 길쌈할 **방**
- 뜻: 실을 뽑다
- 쓰는 순서: 幺糸糸糸'紡紡紡

- 음: 장막 **유**
- 뜻: 장막·휘장
- 쓰는 순서: 冂巾帅帅帷帷帷

- 음: 방 **방**
- 뜻: 방
- 쓰는 순서: 一亠三戶戶房房

207. 妾御績紡 (첩어적방) 아내나 첩은 길쌈을 부지런히 해야 한다.
  ㊟ 대체로 여자의 할 일은 살림을 살아가는 외에 길쌈과 바느질이다. 첩(妾)은 아내 다음가는 여자를 뜻하기도 하고, 여자가 자기를 낮추어 말할 때 쓰는 용어이기도 함.

208. 侍巾帷房 (시건유방) 안방에서는 수건과 빗을 준비해 두고 남편을 섬겨야 한다.
  ㊟ 아내의 다음 임무는 안방에서 수건과 빗을 들어 남편의 시중을 드는 일이다. 시(侍)는 곁에서 잘 모시는 것을 말함.

紈
- 음: 환
- 뜻: 깁, 흰비단
- 쓰는 순서: 幺 糸 糽 紈 紈

扇
- 음: 선
- 뜻: 부채, 부채
- 쓰는 순서: 一 亖 弖 戶 戶 肩 扇

圓
- 음: 원
- 뜻: 둥글, 둥글다·둘레
- 쓰는 순서: 丨 冂 冋 囘 圓 圓

潔
- 음: 결
- 뜻: 깨끗할, 깨끗하다·맑다
- 쓰는 순서: 氵 汁 泆 渊 潔 潔 潔

銀
- 음: 은
- 뜻: 은, 은·돈
- 쓰는 순서: 𠂉 𠂆 𠂇 金 釒 鈤 銀

燭
- 음: 촉
- 뜻: 촛불, 촛불·촉광
- 쓰는 순서: 丶 火 𤆍 燭 燭 燭 燭

煒
- 음: 위
- 뜻: 환할, 밝다·환하다
- 쓰는 순서: 丶 火 火 炉 煌 煒 煒

煌
- 음: 황
- 뜻: 빛날, 빛나다
- 쓰는 순서: 丶 火 灯 炉 炉 煌 煌

---

209. 紈扇圓潔 (환선원결) 흰 비단으로 만든 부채는 둥글고 깨끗하다는 말.

㈜ 방안의 가치 있는 물건으로는 흰 깁(명주 또는 비단)으로 만든 둥근 부채가 있다는 말.

210. 銀燭煒煌 (은촉위황) 은 촛대의 촛불은 환하게 밝고 빛나 휘황 찬란하다는 말.

㈜ 또 방안에는 은으로 만든 촛대가 있어 규모 있는 품위를 나타냄. 즉 안방의 기구들의 아담한 모습을 설명한 것임.

음	낮	주
뜻	낮	
쓰는순서	ㄱ ㄱ ㅋ 圭 聿 書 晝	

음	잠 잘	면
뜻	잠자다·졸다	
쓰는순서	目 目 目' 貯 眠 眠 眠	

음	쪽	람
뜻	남색	
쓰는순서	艹 艹 藍 藍 藍 藍 藍	

음	죽순	순
뜻	죽순·대싹	
쓰는순서	ノ ← 竹 竺 笁 筍 筍	

음	저녁	석
뜻	저녁	
쓰는순서	ノ ク 夕	

음	잘	매
뜻	자다	
쓰는순서	宀 宀 宁 宇 宇 寐 寐	

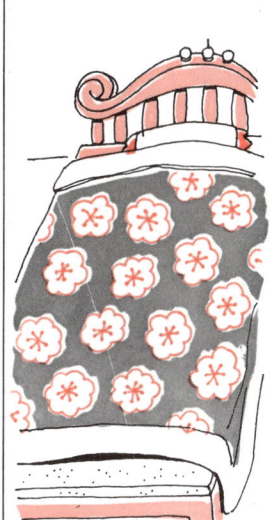

음	코끼리	상
뜻	코끼리·상아	
쓰는순서	′ ″ ″ 乎 乎 象 象	

음	평상	상
뜻	평상·잠자리	
쓰는순서	′ 一 广 广 庄 床 床	

211. 晝眠夕寐 (주면석매) 낮에는 졸고 밤에는 잠을 자니 정말 한가한 사람의 일이다.

㊟ 낮에 일이 없는 한가한 때는 잠시 낮잠을 잘 수도 있고, 또 밤이 되면 편하게 잠을 잘 수 있는 것이 모두가 한가하고 안락한 생활을 나타낸 것임.

212. 藍筍象床 (남순상상) 푸른 대나무 순과 상아(코끼리의 어금니)로 꾸민 침상(침대)이 영화를 누리는 사람의 거처이다.

㊟ 푸른 대쪽을 엮어서 만든 자리와 상아로 꾸민 침대에서 생활하는 청아하고 부족함이 없는 거실의 정경을 설명한 글임.

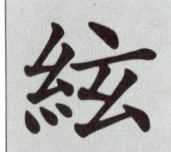

음	악기줄 현
뜻	악기의 줄·현악기
쓰는순서	乡 幺 糸 糸' 紅 絃 絃

음	노래 가
뜻	노래·가곡
쓰는순서	一 一 可 哥 哥 歌 歌

음	대접할 접
뜻	접대·사귀다·잇다
쓰는순서	一 扌 扩 护 按 接 接

음	잔 배
뜻	잔
쓰는순서	一 十 オ 木 杯 杯 杯

음	술 주
뜻	술
쓰는순서	ㆍ ㆍ 氵 汀 沂 沔 洒 酒 酒

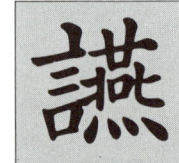

음	잔치 연
뜻	잔치
쓰는순서	言 言 言 許 誹 讌 讌

음	들 거
뜻	들다·행하다
쓰는순서	F E 臼 臾 與 與 擧

음	술잔 상
뜻	술잔
쓰는순서	ㆍ ケ 角 角' 觥 觴 觴

213. 絃歌酒讌 (현가주연) 거문고를 타고 노래와 술로 잔치를 한다.

  주 현(絃)이란 줄이 있는 현악기를 말함. 때로는 손님을 청해 놓고 거문고를 타면서 노래와 술로 흥겨운 잔치를 벌이기도 한다는 뜻.

214. 接杯擧觴 (접배거상) 손님과 더불어 크고 작은 술잔으로 서로 주고 받으며 즐긴다.

  주 접배(接杯)란 잔을 주고 받는다는 말. 상(觴)이란 술잔이기는 하나 잔 속에 술이 가득 차 있는 것을 이름. ※ 여유 있는 생활 모습을 설명함.

矯
- 음: 바로잡을 교
- 뜻: 바로잡다·놀리다
- 쓰는 순서: 一 矢 矢 矢 乔 矫 矫 矯

手
- 음: 손 수
- 뜻: 손
- 쓰는 순서: 一 二 三 手

悅
- 음: 기쁠 열
- 뜻: 기쁘다·즐기다
- 쓰는 순서: 丶 忄 忄 忄 悅 悅 悅

豫
- 음: 미리 예
- 뜻: 미리·기뻐하다
- 쓰는 순서: 丁 予 予 予 豫 豫 豫

頓
- 음: 조아릴 돈
- 뜻: 조아리다·머무르다
- 쓰는 순서: 一 口 屯 屯 頓 頓

足
- 음: 발 족
- 뜻: 발·넉넉하다
- 쓰는 순서: 丨 口 口 무 무 足 足

且
- 음: 또 차
- 뜻: 또·또한
- 쓰는 순서: 丨 П П 月 且

康
- 음: 편안할 강
- 뜻: 편안하다·튼튼하다
- 쓰는 순서: 丶 广 庐 康 康 康

215. 矯手頓足(교수돈족) 손을 놀리고 발을 굴러 춤을 춘다.
  주 손님을 청해 놓고 술을 마시다가 흥이 나면 가락에 맞추어 즐겁게 춤을 추는 것을 나타낸 말. 교수 돈족(矯手頓足)은 춤을 추는 모습.

216. 悅豫且康(열예차강) 기쁘고 즐거우며 또한 편안하기 그지없다.
  주 한거부(閑居賦)라는 노래에 '음악이 퍼져오자 일어나서 발을 굴러 춤을 추고 소리 높여 노래 부른다'라는 귀절이 있음.

음	정실 적
뜻	정실·본처
쓰는순서	⺀ ㄑ 女 女⺀ 女商 女商 女商 嫡

음	뒤 후
뜻	뒤
쓰는순서	⺀ ㄕ 彳 彳⺀ 彳⺀ 後 後

음	제사 제
뜻	제사
쓰는순서	⺀ 夕 夘 夘 夘⺀ 祭 祭

음	제사 사
뜻	제사
쓰는순서	⺀ ㄅ 礻 礻⺀ 礻⺀ 祀

음	이을 사
뜻	잇다
쓰는순서	⺀ 冂 冃 冊 冊⺀ 冊⺀ 冊⺀ 嗣

음	찔 증
뜻	찌다
쓰는순서	⺀ 艹 艹⺀ 艹⺀ 菾 菾 蒸

음	이을 속
뜻	이어가다
쓰는순서	幺 糸 紸 紸⺀ 續 續 續

음	맛볼 상
뜻	맛보다
쓰는순서	⺀ 尙 尙⺀ 嘗 嘗 嘗

217. 嫡後嗣續(적후사속) 적실〈본처〉에서 낳은 자식으로써 대를 잇는다는 말.

㊟ 적(嫡)은 정실 아내를 가리키며, 사(嗣)는 자손이 대를 이어간다는 말이며, 가계〈집안의 계통〉은 반드시 정실 아내의 맏아들이 이어갔음.

218. 祭祀蒸嘗(제사증상) 조상에게 제사를 지내되 겨울 제사는 증이라 하고 가을 제사는 상이라 하였다.

㊟ 즉 맏아들로써 대를 이어가고 조상에게 제사를 올리는 것은 사람의 자식으로서는 가장 중대한 책임으로 여겼음. ※ 제사~망일의 새벽에 올림.

- 음 머리숙일 계
- 뜻 머리숙이다·생각하다
- 쓰는순서 二千禾秋秋稽稽

- 음 이마 상
- 뜻 이마
- 쓰는순서 丆桼桼桼穎穎

- 음 두번 재
- 뜻 두번·거듭·다시
- 쓰는순서 一厂丌丙再再

- 음 절 배
- 뜻 절
- 쓰는순서 一二三手手手拜拜

- 음 송구할 송
- 뜻 송구하다·두렵다
- 쓰는순서 丷忄忄忄悚悚悚

- 음 두려울 구
- 뜻 두려워하다
- 쓰는순서 丷忄忄忄懼懼懼

- 음 두려울 공
- 뜻 두렵다·무섭다
- 쓰는순서 一工玑玑玑恐恐

- 음 두려울 황
- 뜻 두려워하다
- 쓰는순서 丷忄忄悼悼悼惶

219. 稽顙再拜 (계상재배) 이마를 숙여 두 번 절을 하니 예를 갖춘 의식이다.
- 주 계상(稽顙)이란 이마를 땅에 대고 엎드렸다가 다시 머리를 드는 것을 말함이며, 재배(再拜)란 제사 때 두 번 절함을 이름.
- ※ 산 사람에게는 절을 한 번 한다.

220. 悚懼恐惶 (송구공황) 송구하고 두렵고 황송하니 공경함이 지극하다는 말.
- 주 3년상 – 슬픔과 정성을 다해야 함. 제사 ~ 마음을 맑게 하고 공경을 다해야 함.
- ※ 이 모두가 유교(공자의 가르침) 사상에서 비롯된 것임.

牋
- 음: 글(편지) 전
- 뜻: 글・편지
- 쓰는 순서: ノ ナ 爿 爿⁻ 爿⁺ 爿戋 牋

牒
- 음: 편지 첩
- 뜻: 편지・청첩
- 쓰는 순서: ノ ナ 爿 爿⁻ 爿⁺ 牒 牒 牒

顧
- 음: 돌아볼 고
- 뜻: 돌아보다・생각하다
- 쓰는 순서: 一 二 戶 戶 雇 雇 顧 顧

答
- 음: 대답할 답
- 뜻: 대답
- 쓰는 순서: ノ ⺈ 竹 竺 答 答 答

簡
- 음: 간략할 간
- 뜻: 간단하다・편지
- 쓰는 순서: ノ ⺈ 竹 竹 節 節 簡 簡

要
- 음: 요긴할 요
- 뜻: 요긴하다・구하다
- 쓰는 순서: 一 戶 雨 西 要 要 要

審
- 음: 살필 심
- 뜻: 살피다・밝히다
- 쓰는 순서: 宀 宀 宀 宋 审 審 審

詳
- 음: 자세할 상
- 뜻: 자세하다・상세하다
- 쓰는 순서: 一 = 言 言 言⁺ 言⁺ 詳 詳

221. 牋牒簡要(전첩간요) 편지와 글은 간단하게 요긴한 것만 써야 될 것이다.

㈜ 전첩(牋牒)이란 편지를 말함. 편지를 보낼 때에는 번잡하지 않게 간단하게 요점만 따서 하는 것이 예절이다. ※ 글씨는 정성들여 써야 함.

222. 顧答審詳(고답심상) 말 대답을 할 때에는 잘 생각하고 살펴서 자세하게 해야 한다.

㈜ 고답(顧答)이란 바로 대답하는 것이 아니고, 조심하고 살펴서 자세하게 생각한 후에 답을 하는 것임. ※ 즉 편지의 답장도 이와 같이 하는 것이 좋을 것임.

骸
- 음: 해
- 뜻: 뼈 / 뼈·해골
- 쓰는 순서: 冂 罒 罒 骨 骨 骸 骸

垢
- 음: 구
- 뜻: 때 / 때·더럽다
- 쓰는 순서: 一 十 土 圹 垢 垢

執
- 음: 집
- 뜻: 잡을 / 잡다·가지다
- 쓰는 순서: 一 土 幸 幸 幸 朝 執

熱
- 음: 열
- 뜻: 뜨거울 / 열·뜨겁다·덥다
- 쓰는 순서: 一 土 圥 埶 執 熱 熱

想
- 음: 상
- 뜻: 생각할 / 생각하다
- 쓰는 순서: 一 十 木 朷 相 想 想

浴
- 음: 욕
- 뜻: 목욕할 / 목욕·미역감다
- 쓰는 순서: 氵 氵 汵 浴 浴 浴

願
- 음: 원
- 뜻: 원할 / 원하다·소원
- 쓰는 순서: 一 厂 原 原 原 願 願

凉
- 음: 량
- 뜻: 서늘할 / 서늘하다
- 쓰는 순서: 冫 广 庐 序 序 凉 凉

223. 骸垢想浴 (해구상욕) 몸에 때가 있으면 목욕할 것을 생각해야 한다.
> 주: 항상 몸이 더러워지면 깨끗하게 목욕을 해야 하며, 몸을 단정히 해야만 마음도 깨끗하게 됨. ※ 목욕~5일에 한 번 정도.

224. 執熱願凉 (집열원량) 뜨거운 것을 잡으면 저절로 서늘한 것을 바라게 된다.
> 주: 인간의 5감이란 눈으로 보고 귀로 듣고 코로 맡고 입으로 맛보며 살갗으로 느끼는 것을 말함. 더우면 찬 것을 서늘하면 따뜻한 것을 바라는 것이 인간의 상정이다.

 驢
음 나귀 려
뜻 나귀
쓰는순서 「 F 馬 馬 馬ト 馬虍 驢

 駭
음 놀랄 해
뜻 놀라다
쓰는순서 丨 F 駭馬 馬广 馬亥 駭

 騾
음 노새 라
뜻 노새
쓰는순서 「 F 馬 馬 馬甲 騾 騾

躍
음 뛸 약
뜻 뛰다
쓰는순서 丶 ㅛ 무 뽀ㅋㅋ 뽀ㅋㅋ 躍 躍

 犢
음 송아지 독
뜻 송아지
쓰는순서 ノ 牛 牜 牜± 牜圭 犢 犢

 超
음 뛰어넘을 초
뜻 뛰어넘다·뛰어나다
쓰는순서 一 土 キ 走 起 起 超 超

 特
음 특별할(소) 특
뜻 특별·소
쓰는순서 ノ 牛 牜 牜土 牜丰 特 特

 驤
음 말뛸 양
뜻 말이 뛰다
쓰는순서 一 F 馬 馬广 馬查 馬襄 驤

---

225. 驢騾犢特 (여라독특) 나귀와 노새와 송아지와 숫소는.
㊟ 나귀(驢)는 당나귀를 말하며, 노새는 말과 당나귀의 사이에서 태어난 것을 말하며, 소는 큰 소 즉 황소를 말합니다. ※짐승도 평화로움을 알면 즐겁게 논다.

226. 駭躍超驤 (해약초양) 놀라고 뛰고 넘고 달리며 논다.
㊟ 중국 고대의 가축의 종류와 살아가는 모습을 적은 글임. 약(躍)은 억제하기 어려울 만큼 크게 뛰는 모습을 말함.

誅
음 벌 줄 주
뜻 벌 주다·베다
쓰는순서 ˋ ㅡ ㅡ 言 訁 訁 訪 誅 誅

斬
음 죽일 참
뜻 베다·죽이다
쓰는순서 一 ㄇ 冃 百 亘 車 斬 斬 斬

捕
음 사로잡을 포
뜻 사로잡다
쓰는순서 一 ナ 才 扩 折 捐 捕

獲
음 얻을 획
뜻 얻다
쓰는순서 ˊ ˊ ˊ 犭 犭 犷 犷 獲 獲

賊
음 도둑 적
뜻 도둑·역적
쓰는순서 丨 冂 冃 月 貝 貯 賊

盜
음 도둑 도
뜻 도둑·훔치다
쓰는순서 ˋ ˊ 冫 次 次 咨 盗 盗 盗

叛
음 배반할 반
뜻 배반하다·모반
쓰는순서 ˋ ˊ ㅗ 半 半 𠂢 叛 叛

亡
음 망할(도망할)망
뜻 망하다·달아나다·죽다
쓰는순서 ˋ 亠 亡

227. 誅斬賊盜 (주참적도) 역적과 도둑은 잡아서 죽이고 베어버릴 것이며,

주 적(賊)은 남을 해치고도 마음에 거리낌이 없는 자를 가리키며, 도(盜)는 남의 물건을 훔친 자를 말함. 주(誅)는 죽이는 것을 뜻하고 참(斬)은 칼로 목을 치는 것을 뜻함.

228. 捕獲叛亡 (포획반망) 모반하고 도망하는 자는 사로잡아 죄를 주어 법을 밝힌다.

주 반(叛)이란 임금을 배반하고 자기가 임금이 되려는 자를 말하며, 망(亡)은 나쁜 일을 저지르고 도망한 사람을 말함.

布
- 음: 포
- 뜻: 베·펴다
- 쓰는 순서: 一ナ才右布

射
- 음: 사
- 뜻: 쏠/쏘다
- 쓰는 순서: ′冂身身身射射

嵇
- 음: 혜
- 뜻: 메
- 쓰는 순서: 一二千禾禾禾秆秆嵇

琴
- 음: 금
- 뜻: 거문고
- 쓰는 순서: 丆王玨珡珡琴

遼
- 음: 요
- 뜻: 멀다
- 쓰는 순서: 一大太本査尞遼

丸
- 음: 환
- 뜻: 총알/알·자루
- 쓰는 순서: ノ九丸

阮
- 음: 완
- 뜻: 완씨
- 쓰는 순서: ′了阝阝一阝二阝元阮

嘯
- 음: 소
- 뜻: 휘바람
- 쓰는 순서: 口叭叭吽吽吽吽啸嘯

229. 布射遼丸 (포사요환) 여포는 활을 잘 쏘았고 웅의료는 공을 잘 굴렸으며.

주 후한 말의 여포(呂布)는 활을 잘 쏘아 유비와 원술의 싸움을 막았으며, 전국시대의 웅의료(熊宜遼)는 공을 잘 굴려 초왕이 송나라를 크게 이겼다는 고사.

230. 嵇琴阮嘯 (혜금완소) 혜강은 거문고를 잘 탔고 완적은 휘바람 소리를 잘 내었다.

주 진나라 죽림 7현의 한 사람인 혜강(嵇康)은 거문고의 명수로 유명하였으며, 역시 7현의 한 사람인 완적(阮籍)은 봉황이 우는 것같은 휘바람 소리를 잘 내어 유명 하였음.

- 음: 편안할 염
- 뜻: 편안하다
- 쓰는 순서: 丶丨丨丨丨丨恬恬恬

筆

- 음: 붓 필
- 뜻: 붓·글씨
- 쓰는 순서: 丿𠂉𥫗𥫗筆筆筆

倫

- 음: 인륜 륜
- 뜻: 인륜·윤리
- 쓰는 순서: 亻伶伶伶倫倫倫

紙

- 음: 종이 지
- 뜻: 종이
- 쓰는 순서: 幺幺糸糸紅紙紙

釣

- 음: 무게단위 균
- 뜻: 무게단위·고르다
- 쓰는 순서: 人𠂉𠂉金釣釣釣釣

巧

- 음: 교묘할 교
- 뜻: 교묘하다·공교롭다
- 쓰는 순서: 一T工巧

任

- 음: 맡길 임
- 뜻: 맡다·맡기다
- 쓰는 순서: 丿亻仁任

釣

- 음: 낚시 조
- 뜻: 낚시·낚다
- 쓰는 순서: 人𠂉𠂉金釣釣釣

231. 恬筆倫紙 (염필윤지) 몽염은 붓을 처음 만들었고 채륜은 종이를 처음 만들었으며,

주 진나라 명장 몽염(蒙恬)은 토끼 털로 붓을 처음 만들었으며, 후한 때 환관 채륜(蔡倫)은 누에고치에서 나오는 솜으로 종이를 처음 만들었다는 고사.

232. 鈞巧任釣 (균교임조) 마균은 교묘한 재주로 지남거(남쪽을 가리키는 수레)를 만들었고 임공자는 낚시를 처음으로 만들었다.

주 한의 명제 때의 마균(馬鈞)은 교묘한 재주가 뛰어나 지남거(指南車)를 만들었으며, 임공자(任公子)는 낚시를 처음 만들어 사람들에게 생선을 실컷 먹였다고 함.

[음] 풀 석
[뜻] 풀이하다·풀다
[쓰는 순서] 釋

여포
웅의료
혜강 완적
몽염 채륜
마균
임공자

[음] 아우를 병
[뜻] 아우르다·나란히
[쓰는 순서] 竝

[음] 어지러울 분
[뜻] 어지럽다·엉클어지다
[쓰는 순서] 紛

[음] 다 개
[뜻] 모두
[쓰는 순서] 皆

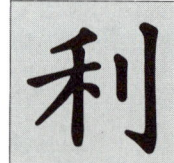
[음] 이로울 리
[뜻] 이롭다·편리하다
[쓰는 순서] 利

[음] 아름다울 가
[뜻] 아름답다·좋다
[쓰는 순서] 佳

[음] 풍속 속
[뜻] 풍속·속되다
[쓰는 순서] 俗

[음] 묘할 묘
[뜻] 묘하다
[쓰는 순서] 妙

233. 釋紛利俗 (석분이속) 이 여덟 사람들은 어지러운 것을 풀어서 세상의 풍속을 이롭게 하였으니

㊟ 위 여포(呂布)·웅의료(熊宜遼)·혜강(嵇康)·완적(阮籍)·몽염(蒙恬)·채륜(蔡倫)·마균(馬鈞)·임공자(任公子)들은 모두 세상의 생활을 편리하게 한 사람들이다.

234. 竝皆佳妙 (병개가묘) 위 사람들은 모두가 다 아름답고 묘한 재주를 가졌었다.

㊟ 모두가 다 능한 재주와 기술이 있어 세상을 이롭게 하고, 사람들에게 유익하고 편리한 생활을 하도록 도와준 분들이라는 말.

毛
- 음: 털 모
- 뜻: 털
- 쓰는 순서: 一二三毛

施
- 음: 베풀 시
- 뜻: 베풀다
- 쓰는 순서: 一亠方方方方施施

淑
- 음: 맑을 숙
- 뜻: 맑다·얌전하다
- 쓰는 순서: 氵氵汁汁汁汁淑淑

姿
- 음: 맵시 자
- 뜻: 맵시·모습
- 쓰는 순서: 冫冫次次次姿姿

工
- 음: 공교로울 공
- 뜻: 공교하다·장인
- 쓰는 순서: 一丁工

嚬
- 음: 찡그릴 빈
- 뜻: 찡그리다
- 쓰는 순서: 口 吖 吡 唪 嗎 嚬 嚬

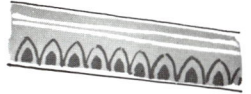

姸
- 음: 고울 연
- 뜻: 곱다·아름답다
- 쓰는 순서: く 夂 女 女 女 姸 姸

笑
- 음: 웃음 소
- 뜻: 웃음
- 쓰는 순서: 一 𥫗 𥫗 笁 笑 笑

---

235. 毛施淑姿 (모시숙자) 모장과 서시는 모양이 맑고 아름다워서.

주) 월나라 왕 구천(句踐)이 사랑하던 첩 모장(毛嬙)과 오나라 왕 부차(夫差)가 사랑하던 첩 서시(西施)는 모두 모습이 아름답고 고와 절세의 미인들이었다는 고사.

236. 工嚬姸笑 (공빈연소) 묘하게 찡그리는 모습은 공교롭기 이를 데 없고 웃는 모습은 곱기 한이 없었다.

주) 그들의 아름다운 모습은 말할 것도 없고, 즐거운 일이 있어 웃을 때는 그만 두고라도, 마음 속에 근심이 있어 찡그리는 모습까지도 예쁘게 보여 남이 흉내낼 수 없었다는 말.

음	해(세월) 년
뜻	해・나이・세월
쓰는 순서	丿 ㄧ ㄴ ㅗ 뇨 年

음	화살 시
뜻	화살
쓰는 순서	丿 ㄧ ㄴ 午 矢

음	황제이름 희
뜻	복희씨・기운
쓰는 순서	丷 羊 羊 羔 義 義

음	빛 휘
뜻	빛나다
쓰는 순서	丨 日 日' 日日 旷 昨 暉

음	매양 매
뜻	매양・마다
쓰는 순서	丿 ㄧ ㄷ 勺 毎 毎

음	밝을 랑
뜻	밝다・맑다
쓰는 순서	丶 彐 良 良 朗 朗

음	재촉할 최
뜻	재촉하다・베풀다
쓰는 순서	丿 亻 亻' 亻''亻'' 催

음	빛날 요
뜻	빛나다・요일
쓰는 순서	日 日' 日ㅋ 日ㅋ 日ㅋ 昕 曜

---

237. 年矢每催 (연시매최) 해(세월)는 화살처럼 매양 재촉하듯 빠르게 지나간다.

주 연시(年矢)란 광음 즉 세월을 뜻함. 세월 가는 것이 화살과 같고 빛과 같이 빠르게 지나간다는 말. ※ '세월이 유수와 같다'는 말도 있음.

238. 羲暉朗曜 (희휘낭요) 날마다 뜨는 아침 햇빛은 밝게 빛나고 있다.

주 희(羲)는 태양을, 휘(暉)는 달을 가리킴. 태양(해) 빛이 온 세상을 비추어 만물에 혜택을 주고 있다는 말. ※ 우리가 사는 지구(地球)가 속해 있는 태양계(太陽系).

璇
- 음: 아름다운옥 선
- 뜻: 아름다운옥
- 쓰는순서: 一丁王玠玠玹璇璇

璣
- 음: 구슬 기
- 뜻: 둥글지 않은 구슬
- 쓰는순서: 一丁王玠玠璣璣璣

晦
- 음: 그믐 회
- 뜻: 그믐·어둡다
- 쓰는순서: 丨日旷晒晦晦晦

魄
- 음: 넋 백
- 뜻: 넋·달빛
- 쓰는순서: 冫白白的魄魄魄

懸
- 음: 매달릴 현
- 뜻: 매달리다·걸다
- 쓰는순서: 目且県県県縣縣懸

斡
- 음: 돌 알
- 뜻: 돌리다
- 쓰는순서: 一古吉車卓幹幹斡

環
- 음: 두를(고리) 환
- 뜻: 두르다·고리
- 쓰는순서: 一丁王環環環環環

照
- 음: 비출 조
- 뜻: 비추다·개조하다
- 쓰는순서: 丨日日7㫙昭昭照照

239. 璇璣懸斡 (선기현알) 구슬로 만든 혼천의가 높이 매달려 돌고 있으니,

㊟ 선기(璇璣)란 순(舜)임금 때 아름다운 구슬로 별의 모양을 만들어 천문을 측량하는 기계 위에 매달아 놓은 혼천의(渾天儀)를 말함.

240. 晦魄環照 (회백환조) 그믐이 되면 달은 빛이 없다가 돌면서 보름이 되면 다시 밝은 달이 되어 빛을 낸다.

㊟ 달이 지구의 둘레를 돌면서 이지러져서 어두워졌다가 둥근 달이 되어 다시 밝은 빛을 낸다. 즉 궤도를 돌면서 삭(朔)·망(望)을 나타내는 것을 말함.

指
음 가리킬 지
뜻 가리키다·손가락
쓰는순서 一十才才ᅣ指指

薪
음 땔나무 신
뜻 섶·땔나무
쓰는순서 艹艹芦芦菥菥薪

永
음 길 영
뜻 길다·오래오래
쓰는순서 ᅩ亍永永

綏
음 편안할 수
뜻 편안하다
쓰는순서 乡幺系紉綏綏綏

修
음 닦을 수
뜻 닦다·익히다
쓰는순서 亻亻俨俨修修修

祐
음 도울 우
뜻 돕다
쓰는순서 ノオネネ衤祐祐

吉
음 길할 길
뜻 길하다·좋다·길사
쓰는순서 一十士吉吉吉

邵
음 높을 소
뜻 높다
쓰는순서 ᄀᄁ끰끰邵

241. 指薪修祐 (지신수우) 섶에 불이 타는 것처럼 정열을 가지고 몸을 닦으면 하늘로부터 도움을 받을 수 있다.

㈜ 사람은 늙어서 죽기 전에 착한 일을 많이 하여 자기 몸에 행복을 받아야 한다는 것을 가르친 말. ※ 수신 제가 (修身齊家).

242. 永綏吉邵 (영수길소) 그렇게 하면 오래오래 편안하고 길함이 높으리라.

㈜ 섶에 불이 자꾸 이어 타듯이 착한 일을 꾸준히 쌓아 나가면 마음도 편안하고 길한 일이 많이 있으리라는 말. ※ 덕행 (德行).

矩
음 법 **구**
뜻 법
쓰는순서 ㄥ 上 矢 知 知 知 矩 矩

俯
음 엎드릴 **부**
뜻 엎드리다·구부리다
쓰는순서 亻 亻 俨 俨 俯 俯 俯

步
음 걸음 **보**
뜻 걸음
쓰는순서 ㅣ ㅏ ㅑ 止 止 步 步

仰
음 우러러볼 **앙**
뜻 우러러 보다
쓰는순서 ノ 亻 亻 仃 仰 仰

引
음 이끌 **인**
뜻 이끌다·당기다
쓰는순서 ㄱ ㄱ 弓 引

廊
음 행랑 **랑**
뜻 행랑·곁채
쓰는순서 亠 广 广 庐 庐 廊 廊

領
음 옷깃 **령**
뜻 옷깃·목·다스리다
쓰는순서 ㄥ 上 令 领 領 領 領

廟
음 사당 **묘**
뜻 사당·종묘
쓰는순서 亠 广 广 庐 庐 廟 廟

---

243. 矩步引領 (구보인령) 걸음을 바로 걷고 옷깃을 여미니 자세가 당당하다는 말.

주 구보(矩步)란 법도에 맞게 조심해서 걷는 걸음걸이를 말하며, 인령(引領)은 목을 세워서 자세를 반듯하게 한 모양을 말함.

244. 俯仰廊廟 (부앙낭묘) 궁전과 사당에서는 고개를 들어 우러러 보기도 하고 구부리기도 하여 예의를 지킨다.

주 낭(廊)이란 궁전같은 큰 건물의 복도를 말하며, 묘(廟)는 조상의 영(혼백)을 제사 지내는 사당이다. 즉 모든 것을 법도에 맞게 행하라는 뜻.

[음] 묶을 속
[뜻] 묶다·약속
[쓰는순서] 一 ㄱ ㄱ 申 束 束

[음] 띠 대
[뜻] 띠·데리고있다
[쓰는순서] 一 卅 卅 丗 帶 帶 帶

[음] 자랑할 긍
[뜻] 자랑하다
[쓰는순서] フ ヌ 予 矛 矜 矜 矜

[음] 장엄할 장
[뜻] 장엄하다·단정하다
[쓰는순서] 艹 艹 壯 莊 莊 莊 莊

[음] 배회할 배
[뜻] 어정거리다·거닐다
[쓰는순서] ノ ク 彳 衫 衫 徘 徘

[음] 배회할 회
[뜻] 어정거리다
[쓰는순서] ノ ク 彳 彳 徊 徊 徊

[음] 쳐다볼 첨
[뜻] 보다·쳐다보다
[쓰는순서] Ⅱ 目 旷 旷 睟 瞻 瞻

[음] 바라볼 조
[뜻] 바라보다
[쓰는순서] 1 Ⅱ 目 目 目 眺 眺

245. 束帶矜莊 (속대긍장) 벼슬의 띠를 단속하여 단정히 함으로써 씩씩한 긍지를 갖는다.

[주] 속(束)이란 성복을 몸에 갖추는 것이며, 대(帶)는 벼슬에 맞게 두르는 큰 띠를 말함. 즉 예절에 벗어나는 모습을 잃지 않아야 한다는 말.

246. 徘徊瞻眺 (배회첨조) 이리저리 거닐며 쳐다보고 바라보는 것을 모두 예의에 맞게한다.

[주] 즉 집에 들어설 때는 아래를 보고 들어서서 문을 닫은 뒤에는 뒤를 돌아보지 않아야 된다는 것. 조정에서는 그 위엄있는 모습을 잃어서는 안 된다는 말.

孤 음 고 뜻 외롭다·부모없다 쓰는순서 了 孑 孒 犭 孤 孤 孤	愚 음 우 뜻 어리석다 쓰는순서 口 日 目 禺 禺 愚 愚
陋 음 루 뜻 더럽다·추하다 쓰는순서 了 阝 阝 阿 阿 阿 陋	蒙 음 몽 뜻 어리석다·어리다 쓰는순서 艹 萨 莎 夢 蒙 蒙 蒙

寡 음 과 뜻 적다·과부 쓰는순서 宀 宁 宁 宣 寘 寡 寡	等 음 등 뜻 무리·등급 쓰는순서 ノ 스 ケ 竹 竿 等 等
聞 음 문 뜻 듣다 쓰는순서 丨 尸 門 門 門 聞 聞	誚 음 초 뜻 꾸짖다 쓰는순서 ㄱ 言 言 言 詰 誚 誚

247. 孤陋寡聞 (고루과문) 외롭고 비루(천하고 추하다)해서 듣고 보는 것이 적으면.

㈜ 고루(孤陋)란 재주와 지능이 없고 식견(물건을 구별하고 관찰하는 능력)이 좁은 것. 과문(寡聞)이란 보고 들은 바가 적어 견문이 좁은 것을 가리킴.

248. 愚蒙等誚 (우몽등초) 어리석고 못난 자들과 같아서 남의 꾸지람을 듣게 된다.

㈜ 듣고 보는 것이 없어 학식이 부족하면 세상의 무지(아는 것이 없음)·몽매(어리석고 어두움)한 자들과 같은 취급을 당해 일일이 꾸짖음을 당한다는 말.

謂	음 일컬을 **위** / 뜻 이르다·고하다·일컫다 / 쓰는순서 言訂訂訂謂謂謂
語	음 말씀 **어** / 뜻 말씀·말하다 / 쓰는순서 言訂訃訃訃語語語
助	음 도울 **조** / 뜻 돕다 / 쓰는순서 丨刀月月且助助
者	음 놈 **자** / 뜻 사람·놈·것 / 쓰는순서 一十土耂考者者

焉	음 이끼 **언** / 뜻 어찌·어조사 / 쓰는순서 一下正正焉焉焉
哉	음 이끼 **재** / 뜻 그런가·어조사 / 쓰는순서 一十士吉哉哉哉
乎	음 온 **호** / 뜻 …에…보다·어조사 / 쓰는순서 一八八乎乎
也	음 이끼 **야** / 뜻 어조사 / 쓰는순서 フ九也

249. 謂語助者(위어조자) 한문의 어조사 즉 도움을 주는 것에는 다음의 네 글자가 있다.

주 어조(語助)란 조사(助詞)인데, 글귀를 이루고 말을 만들어 나가는 데 없어서는 안되는 글자를 말함이다.

250. 焉哉乎也(언재호야) 많은 어조사 중 특히 언(焉)·재(哉)·호(乎)·야(也)의 네 글자가 많이 쓰이고 있다.

주 무릇 사람이 학문을 닦았으면 그 글의 끝을 잘 맺어야 한다. 그러기에 언(焉)·재(哉)·호(乎)·야(也)의 4자를 사용할 줄 안다는 것은 학문을 어느 정도 닦았다는 말이 되기도 한다.

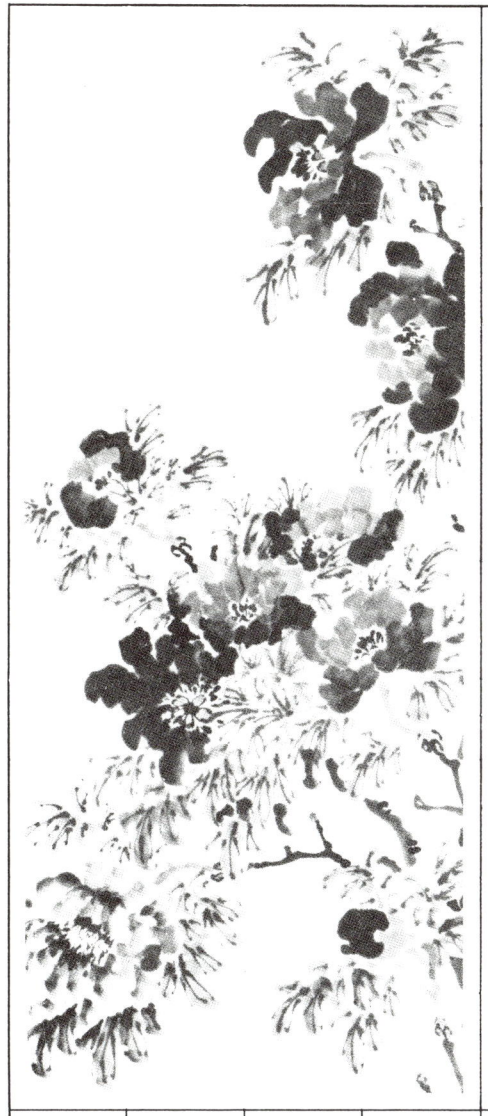

千字文 쓰기

♣ 하루에 30분간 꼭 5 자씩 익히고 여러 번 써보는 습관을 기르자.

　어린이 여러분!
우리의 일상 생활에서는 많은 한자어를 쓰고 있다. 이는 우리 조상들이 오랜 옛날부터 한자를 써왔기 때문에 생활 속에 깊이 박혀 있어 한자어를 쓰지 않으면 의사 소통이나 문장 구성에 있어서 많은 불편을 갖게 되는 것이다.
　단순히 읽지만 말고 한자를 여러번 써보는 습관을 기르자. 쓰는 순서에 따라 정확한 획수를 알고, 붉은 글자에 따라 눌러 써 보고 빈 칸에 또박또박 여러 번 연습을 하자. 처음부터 한자를 잘 못 쓰면 쉽게 고쳐지지 않는다.
　글씨란 바른 체의 좋은 교본으로 꾸준히 연습만 한다면 누구라도 잘 쓸 수 있다.

天	地	玄	黃	宇	宙	洪	荒	日	月
하늘 천	땅 지	검을 현	누를 황	집 우	집 주	넓을 홍	거칠 황	날 일	달 월

盈	昃	辰	宿	列	張	寒	來	暑	往
찰 영	기울 측	별진날신	잘 숙	벌릴 렬	베풀 장	찰 한	올 래	더울 서	갈 왕

秋	收	冬	藏	閏	餘	成	歲	律	呂
가을 추	거둘 수	겨울 동	감출 장	윤달 윤	남을 여	이룰 성	해 세	법률 률	음률 려

調	陽	雲	騰	致	雨	露	結	爲	霜
고를 조	볕 양	구름 운	오를 등	이룰 치	비 우	이슬 로	맺을 결	할 위	서리 상

金	生	麗	水	玉	出	崑	岡	劍	號
쇠금성김	날 생	고울 려	물 수	구슬 옥	날 출	메 곤	메 강	칼 검	이름 호

巨	闕	珠	稱	夜	光	果	珍	李	柰
클 거	집 궐	구슬 주	일컬을 칭	밤 야	빛 광	과실 과	보배 진	오얏 리	벚 내

菜	重	芥	薑	海	鹹	河	淡	鱗	潛
나물 채	무거울 중	겨자 개	생강 강	바다 해	짤 함	물 하	맑을 담	비늘 린	잠길 잠

羽	翔	龍	師	火	帝	鳥	官	人	皇
깃 우	날 상	용 룡	스승 사	불 화	임금 제	새 조	벼슬 관	사람 인	임금 황

始	制	文	字	乃	服	衣	裳	推	位
비로소 시	지을 제	글월 문	글자 자	이에 내	옷 복	옷 의	치마 상	밀 추	자리 위

讓	國	有	虞	陶	唐	弔	民	伐	罪
사양할 양	나라 국	있을 유	나라이름 우	질그릇 도	당나라 당	조상할 조	백성 민	칠 벌	허물 죄

周	發	殷	湯	坐	朝	問	道	垂	拱
두루 주	필 발	은나라 은	끓일 탕	앉을 좌	아침 조	물을 문	길 도	드리울 수	팔짱낄 공

平	章	愛	育	黎	首	臣	伏	戎	羌
평할 평	글 장	사랑 애	기를 육	검을 려	머리 수	신하 신	엎드릴 복	오랑캐 융	오랑캐 강

遐	邇	壹	體	率	賓	歸	王	鳴	鳳
멀 하	가까울 이	하나 일	몸 체	거느릴 솔	손님 빈	돌아갈 귀	임금 왕	울 명	새 봉

在	樹	白	駒	食	場	化	被	草	木
있을 재	나무 수	흰 백	망아지 구	밥 식	마당 장	화할 화	입을 피	풀 초	나무 목

賴	及	萬	方	蓋	此	身	髮	四	大
힘입을 뢰	미칠 급	일만 만	모 방	덮을 개	이 차	몸 신	터럭 발	넉 사	큰 대

五	常	恭	惟	鞠	養	豈	敢	毁	傷
다섯 오	떳떳할 상	공손할 공	오직 유	기를 국	기를 양	어찌 기	감히 감	헐 훼	상할 상

女	慕	貞	烈	男	效	才	良	知	過
계집 녀	사모할 모	곧을 정	매울 렬	사내 남	본받을 효	재주 재	어질 량	알 지	지날 과

必	改	得	能	莫	忘	罔	談	彼	短
반드시 필	고칠 개	얻을 득	능할 능	아닐 막	잊을 망	없을 망	말씀 담	저 피	짧을 단

靡	恃	己	長	信	使	可	覆	器	欲
쓰러질 미	믿을 시	몸 기	긴 장	믿을 신	부릴 사	옳을 가	거듭 복	그릇 기	탐낼 욕

難	量	墨	悲	絲	染	詩	讚	羔	羊
어려울 난	헤아릴 량	먹 묵	슬플 비	실 사	물들일 염	귀글 시	기릴 찬	염소 고	양 양

景	行	維	賢	剋	念	作	聖	德	建
볕 경	갈 행	오직 유	어질 현	이길 극	생각할 념	지을 작	성인 성	큰 덕	세울 건

名	立	形	端	表	正	空	谷	傳	聲
이름 명	설 립	형상 형	끝 단	겉 표	바를 정	빌 공	골 곡	전할 전	소리 성

虛	堂	習	聽	禍	因	惡	積	福	緣
빌 허	집 당	익힐 습	들을 청	재화 화	인할 인	악할 악	쌓을 적	복 복	인연 연

善	慶	尺	璧	非	寶	寸	陰	是	競
착할 선	경사 경	자 척	구슬 벽	아닐 비	보배 보	마디 촌	그늘 음	이 시	다툴 경

資	父	事	君	曰	嚴	與	敬	孝	當
도울 자	아비 부	섬길 사	임금 군	가로 왈	엄할 엄	더불 여	공경할 경	효도 효	마땅할 당

竭	力	忠	則	盡	命	臨	深	履	薄
다할 갈	힘 력	충성 충	곧 즉	다할 진	목숨 명	임할 림	깊을 심	밟을 리	엷을 박

夙	興	溫	淸	似	蘭	斯	馨	如	松
이를 숙	일어날 흥	따뜻할 온	서늘할 청	같을 사	난초 란	이 사	향기로울 형	같을 여	솔 송

之	盛	川	流	不	息	淵	澄	取	暎
갈 지	성할 성	내 천	흐를 류	아니 불	쉴 식	못 연	맑을 징	취할 취	비칠 영

容	止	若	思	言	辭	安	定	篤	初
얼굴 용	그칠 지	같을 약	생각 사	말씀 언	말씀 사	편안 안	정할 정	도타울 독	처음 초

誠	美	愼	終	宜	令	榮	業	所	基
정성 성	아름다울 미	삼갈 신	끝 종	마땅할 의	하여금 령	영화 영	업 업	바 소	터 기

籍	甚	無	竟	學	優	登	仕	攝	職
문서 적	심할 심	없을 무	마침내 경	배울 학	넉넉할 우	오를 등	벼슬 사	잡을 섭	일 직

從	政	存	以	甘	棠	去	而	益	詠
좇을 종	정사 정	있을 존	써 이	달 감	아가위 당	갈 거	어조사이	더할 익	읊을 영

樂	殊	貴	賤	禮	別	尊	卑	上	和
풍류 악	따를 수	귀할 귀	천할 천	예도 례	분별할별	높을 존	낮을 비	위 상	화할 화

下	睦	夫	唱	婦	隨	外	受	傅	訓
아래 하	화목할목	지아비부	부를 창	아내 부	따를 수	바깥 외	받을 수	스승 부	가르칠훈

入	奉	母	儀	諸	姑	伯	叔	猶	子
들 입	받들 봉	어미 모	거동 의	모두 제	고모 고	맏 백	아저씨 숙	같을 유	아들 자

比	兒	孔	懷	兄	弟	同	氣	連	枝
견줄 비	아이 아	매우 공	생각할 회	맏 형	아우 제	한가지 동	기운 기	연할 련	가지 지

交	友	投	分	切	磨	箴	規	仁	慈
사귈 교	벗 우	던질 투	나눌 분	새길 절	갈 마	경계할 잠	법 규	어질 인	인자할 자

隱	惻	造	次	弗	離	節	義	廉	退
숨을 은	불쌍히여길축	잠깐 조	버금 차	아닐 불	떠날 리	절개 절	옳을 의	청렴할렴	물러갈퇴

顚	沛	匪	虧	性	靜	情	逸	心	動
엎어질전	자빠질패	아닐 비	이지러질휴	성품 성	고요할정	뜻 정	편안할일	마음 심	움직일동

神	疲	守	眞	志	滿	逐	物	意	移
정신 신	피곤할피	지킬 수	참 진	뜻 지	가득할만	쫓을 축	재물 물	뜻 의	옮길 이

堅	持	雅	操	好	爵	自	縻	都	邑
굳을 견	가질 지	아담할 아	지조 조	좋을 호	벼슬 작	스스로 자	얽어맬 미	도읍 도	고을 읍

華	夏	東	西	二	京	背	邙	面	洛
나라이름 화	왕조이름 하	동녘 동	서녘 서	둘 이	서울 경	등 배	북망산 망	향할 면	낙수(물) 락

浮	渭	據	涇	宮	殿	盤	鬱	樓	觀
뜰 부	물이름 위	의지할 거	물이름 경	궁궐 궁	대궐 전	서릴 반	울창할 울	다락 루	대궐 관

飛	驚	圖	寫	禽	獸	畵	彩	仙	靈
날 비	놀랄 경	그림 도	베낄 사	새 금	짐승 수	그림 화	채색 채	신선 선	신령 령

丙	舍	傍	啓	甲	帳	對	楹	肆	筵
남녘 병	집 사	곁 방	열 계	갑옷 갑	휘장 장	마주볼 대	기둥 영	벌여놓을 사	대자리 연

設	席	鼓	瑟	吹	笙	陞	階	納	陛
베풀 설	자리 석	북 고	비파 슬	불 취	생황 생	오를 승	층계 계	들일 납	섬돌 폐

弁	轉	疑	星	右	通	廣	內	左	達
고깔 변	구를 전	의심할 의	별 성	오른 우	통할 통	넓을 광	안 내	왼 좌	통달할 달

承	明	旣	集	墳	典	亦	聚	群	英
이을 승	밝을 명	이미 기	모을 집	책이름 분	법 전	또 역	모을 취	무리 군	뛰어날 영

杜	藁	鍾	隸	漆	書	壁	經	府	羅
막을 두	원고 고	쇠북 종	글씨 례	옻칠할 칠	글 서	벽 벽	경서 경	마을 부	벌일 라

將	相	路	俠	槐	卿	戶	封	八	縣
장수 장	서로 상	길 로	낄 협	회나무괴	벼슬경	집 호	봉할 봉	여덟 팔	고을 현

家	給	千	兵	高	冠	陪	輦	驅	轂
집 가	줄 급	일천 천	군사 병	높을 고	갓 관	모실 배	수레 련	몰 구	속바퀴곡

振	纓	世	祿	侈	富	車	駕	肥	輕
떨칠 진	갓끈 영	대대 세	녹봉 록	사치할치	부자 부	수레 거	수레 가	살찔 비	가벼울경

策	功	茂	實	勒	碑	刻	銘	磻	溪
꾀 책	공 공	성할 무	열매 실	새길 륵	비석 비	새길 각	기록할 명	반계 반	시내 계

伊	尹	佐	時	阿	衡	奄	宅	曲	阜
저 이	다스릴 윤	도울 좌	때 시	언덕 아	저울대 형	문득 엄	집 택	굽을 곡	둔덕 부

微	旦	孰	營	桓	公	匡	合	濟	弱
작을 미	아침 단	누구 숙	경영할 영	씩씩할 환	벼슬이름 공	바를 광	모둘 합	건널 제	약할 약

扶	傾	綺	回	漢	惠	說	感	武	丁
도울 부	기울어질 경	비단 기	회복할 회	한나라 한	은혜 혜	말씀 설	감동할 감	호반 무	장정 정

俊	乂	密	勿	多	士	寔	寧	晉	楚
준걸 준	어질 예	빽빽할 밀	말 물	많을 다	선비 사	참 식	편안할 녕	진나라 진	초나라 초

更	覇	趙	魏	困	橫	假	途	滅	虢
다시 갱	으뜸 패	조나라 조	위나라 위	곤할 곤	가로 횡	빌(거짓) 가	길 도	멸할 멸	나라 괵

踐	土	會	盟	何	遵	約	法	韓	弊
밟을 천	흙 토	모을 회	맹세 맹	어찌 하	지킬 준	약속 약	법 법	한나라 한	폐단 폐

煩	刑	起	翦	頗	牧	用	軍	最	精
번거로울 번	형벌 형	일어날 기	가위 전	치우칠 파	기를 목	쓸 용	군사 군	가장 최	정할 정

宣	威	沙	漠	馳	譽	丹	青	九	州
펼 선	위엄 위	모래 사	모래벌 막	달릴 치	기릴 예	붉을 단	푸를 청	아홉 구	고을 주

禹	跡	百	郡	秦	並	嶽	宗	恒	岱
임금 우	자취 적	일백 백	고을 군	진나라 진	합할 병	큰산 악	마루 종	항상 항	터 대

禪	主	云	亭	鴈	門	紫	塞	鷄	田
고요할 선	주인 주	이를 운	정자 정	기러기 안	문 문	자주빛 자	막을 새	닭 계	밭 전

赤	城	昆	池	碣	石	鉅	野	洞	庭
붉을 적	재 성	맏 곤	못 지	비석 갈	돌 석	클 거	들 야	골 동	뜰 정

曠	遠	綿	邈	巖	岫	杳	冥	治	本
넓을 광	멀 원	연할 면	아득할막	바위 암	멧부리수	깊을 묘	어두울명	다스릴치	근본 본

於	農	務	玆	稼	穡	俶	載	南	畝
어조사어	농사 농	힘쓸 무	이 자	심을 가	거둘 색	비로소숙	일(실을)재	남녘 남	밭이랑묘

我	藝	黍	稷	稅	熟	貢	新	勸	賞
나 아	재주(심을)예	기장 서	피 직	세납 세	익을 숙	바칠 공	새 신	권할 권	상줄 상

黜	陟	孟	軻	敦	素	史	魚	秉	直
물리칠 출	오를 척	맏 맹	때못만날 가	도타울 돈	바탕 소	사기 사	물고기 어	잡을 병	곧을 직

庶	幾	中	庸	勞	謙	謹	勅	聆	音
무리 서	몇 기	가운데 중	떳떳할 용	수고로울 로	겸손할 겸	삼갈 근	신칙할 칙	들을 령	소리 음

察	理	鑑	貌	辨	色	貽	厥	嘉	猷
살필 찰	이치 리	볼 감	모양 모	판단할 변	낯(빛) 색	끼칠 이	그 궐	아름다울 가	꾀 유

勉	其	祗	植	省	躬	譏	誡	寵	增
힘쓸 면	그 기	공경할 지	심을 식	살필 성	몸 궁	나무랄 기	경계할 계	사랑할 총	더할 증

抗	極	殆	辱	近	恥	林	皐	幸	即
겨룰 항	지극할 극	위태할 태	욕될 욕	가까울 근	부끄러울 치	수풀 림	언덕 고	다행할 행	곧 즉

兩	疏	見	機	解	組	誰	逼	索	居
둘 량	드물 소	볼 견	베틀 기	풀 해	꾸밀 조	누구 수	핍박할 핍	찾을 색	살 거

閑	處	沈	默	寂	寥	求	古	尋	論
한가할한	곳 처	잠길 침	잠잠할묵	고요할적	쓸쓸할료	구할 구	예 고	찾을 심	의논할론

散	慮	逍	遙	欣	奏	累	遣	慼	謝
흩어질산	생각 려	노닐 소	노닐 요	기쁠 흔	아뢸 주	더럽힐루	보낼 견	슬플 척	사죄할사

歡	招	渠	荷	的	歷	園	莽	抽	條
기뻐할환	부를 초	개천 거	연꽃 하	적실할적	지낼 력	동산 원	풀우거질망	빼낼 추	가지 조

枇	杷	晚	翠	梧	桐	早	凋	陳	根
비파나무 비	비파나무 파	늦을 만	푸를 취	오동 오	오동 동	이를 조	시들 조	베풀 진	뿌리 근

委	翳	落	葉	飄	颻	遊	鵾	獨	運
맡길(시들) 위	가릴 예	떨어질 락	잎사귀 엽	나부낄 표	나부낄 요	놀 유	곤새 곤	홀로 독	운전할 운

凌	摩	絳	霄	耽	讀	翫	市	寓	目
업신여길 릉	닦을 마	붉을 강	하늘 소	즐길 탐	읽을 독	가지고놀 완	저자 시	붙여살 우	눈 목

囊	箱	易	輶	攸	畏	屬	耳	垣	墻
주머니 낭	상자 상	쉬울 이	가벼울 유	바 유	두려울 외	붙일 속	귀 이	담 원	담 장

具	膳	飧	飯	適	口	充	腸	飽	飫
갖출 구	찬 선	저녁밥 손	밥 반	맞을 적	입 구	채울 충	창자 장	배부를 포	먹기싫을 어

烹	宰	飢	厭	糟	糠	親	戚	故	舊
삶을 팽	다스릴 재	굶을 기	싫을 염	재강 조	겨 강	친할 친	겨레 척	연고 고	옛 구

老	少	異	糧	妾	御	績	紡	侍	巾
늙을 로	젊을 소	다를 이	양식 량	첩 첩	모실 어	길쌈 적	길쌈할 방	모실 시	수건 건

帷	房	紈	扇	圓	潔	銀	燭	煒	煌
장막 유	방 방	깁 환	부채 선	둥글 원	깨끗할 결	은 은	촛불 촉	환할 위	빛날 황

晝	眠	夕	寐	藍	筍	象	床	絃	歌
낮 주	잠잘 면	저녁 석	잘 매	쪽 람	죽순 순	코끼리 상	평상 상	악기줄 현	노래 가

酒	讌	接	杯	擧	觴	矯	手	頓	足
술 주	잔치 연	대접할 접	잔 배	들 거	술잔 상	바로잡을 교	손 수	조아릴 돈	발 족

悅	豫	且	康	嫡	後	嗣	續	祭	祀
기쁠 열	미리 예	또 차	편안할 강	정실 적	뒤 후	이을 사	이을 속	제사 제	제사 사

蒸	嘗	稽	顙	再	拜	悚	懼	恐	惶
찔 증	맛볼 상	머리숙일 계	이마 상	두번 재	절 배	송구할 송	두려울 구	두려울 공	두려울 황

牋	牒	簡	要	顧	答	審	詳	骸	垢
글(편지)전	편지 첩	간략할간	요긴할요	돌아볼고	대답할답	살필 심	자세할상	뼈 해	때 구

想	浴	執	熱	願	凉	驢	騾	犢	特
생각할상	목욕할욕	잡을 집	뜨거울열	원할 원	서늘할량	나귀 려	노새 라	송아지독	특별할특

駭	躍	超	驤	誅	斬	賊	盜	捕	獲
놀랄 해	뛸 약	뛰어넘을초	말뛸 양	벌줄 주	죽일 참	도둑 적	도둑 도	사로잡을포	얻을 획

叛	亡	布	射	遼	丸	嵇	琴	阮	嘯
배반할반	망할망	베 포	쏠 사	멀 요	총알 환	메 혜	거문고금	성 완	휘파람소

恬	筆	倫	紙	鈞	巧	任	釣	釋	紛
편안할염	붓 필	인륜 륜	종이 지	무게단위균	교묘할교	맡길 임	낚시 조	풀 석	어지러울분

利	俗	並	皆	佳	妙	毛	施	淑	姿
이로울리	풍속 속	아우를병	다 개	아름다울가	묘할 묘	털 모	베풀 시	맑을 숙	맵시 자

工	嚬	妍	笑	年	矢	每	催	羲	暉
공교로울 공	찡그릴 빈	고울 연	웃음 소	해 년	화살 시	매양 매	재촉할 최	황제이름 희	빛 휘

朗	曜	璇	璣	懸	斡	晦	魄	環	照
밝을 랑	빛날 요	아름다운옥 선	구슬 기	매달릴 현	돌 알	그믐 회	넋 백	두를 환	비출 조

指	薪	修	祐	永	綏	吉	邵	矩	步
가리킬 지	땔나무 신	닦을 수	도울 우	길 영	편안할 수	길할 길	높을 소	법 구	걸음 보

引	領	俯	仰	廊	廟	束	帶	矜	莊
이끌 **인**	옷깃 **령**	엎드릴 **부**	우러러볼 **앙**	행랑 **랑**	사당 **묘**	묶을 **속**	띠 **대**	자랑할 **긍**	장엄할 **장**

徘	徊	瞻	眺	孤	陋	寡	聞	愚	蒙
배회할 **배**	배회할 **회**	쳐다볼 **첨**	바라볼 **조**	외로울 **고**	더러울 **루**	적을 **과**	들을 **문**	어리석을 **우**	어리석을 **몽**

等	誚	謂	語	助	者	焉	哉	乎	也
무리 **등**	꾸짖을 **초**	일컬을 **위**	말씀 **어**	도울 **조**	놈 **자**	이끼 **언**	이끼 **재**	온 **호**	이끼 **야**

한자의 숫자를 바르게 써 봅시다

一 ①　二 ②　三 ③　四 ④　五 ⑤
六 ⑥　七 ⑦　八 ⑧　九 ⑨　十 ⑩

一	二	三	四	五	六	七	八	九	十
한 일	두 이	석 삼	넉 사	다섯 오	여섯 륙	일곱 칠	여덟 팔	아홉 구	열 십
一	二二	三三	四四	五五	六六	七七	八八	九九	十十

가족 이름을 한자로 써 봅시다

할아버지			할머니			아버지		
어머니			나			그밖에		